DEREK MEISTER

1991

KURZE GESCHICHTEN

1. Auflage

Umschlaggestaltung von Derek Meister
unter Verwendung eines Fotos von
Chester Wade (unsplash.com)
v1.190926

Impressum
StoryTown – Derek Meister & Marion Meister GbR
c/o Papyrus Autoren-Club
Pettenkoferstr. 16-18
10247 Berlin

Druck: Books on Demand GmbH
Gesetzt mit Papyrus Autor

www.storytown.info
www.derekmeister.com
mail@storytown.info

ISBN: 978-3-948876-00-5

INHALT

VORWORT

1991. Das waren noch Zeiten. Bei der Durchsicht vergessener Aktenordner stieß ich vor einem Jahr auf alte, sehr alte Kurzgeschichten von mir. Sie alle entstanden Anfang der 90er-Jahre – zwischen 1991 und 1994 –, zu einer Zeit, in der ich in der Social-Beat-Szene verankert war (aus der später die Slam-Poetry entstehen sollte). Ich bereitete mich fürs Abitur vor, später aufs Studium und experimentierte mit Geschichten und meinem Schreiben.

Neugierig darauf, was ich vor über einem Vierteljahrhundert aufs Papier gebracht habe, nahm ich mir diese kurzen Geschichten noch einmal vor. Streng genommen sind die meisten eher Novellen als Kurzgeschichten. Einige begleiteten mich während der ganzen Jahre. Zum Beispiel »Erster Schnee«, eine intime Geschichte über den Verlust des Vaters. Oder die heitere Story »Die Mauer«.

Ich möchte Sie mitnehmen auf eine Zeitreise.

Zurück in eine Zeit, in der wir noch im Flugzeug rauchen durften. In der ich mit frischen achtzehn Jahren gerade den Führerschein ergattert hatte – auf dem Land ein Segen. Helmut Kohl war schon damals für uns gefühlte hundertfünfzig Jahre Bundeskanzler, die Mauer frisch gefallen. Es war die Zeit der Großraum-Discos, der Videotheken, der Mixed Tapes, der CD-Secondhand-Läden. Der Grunge kam aus dem Nichts über uns. Nirvana sang »Smells like Teen Spirit«, Pearl Jams »Alive« dröhnt mir noch in den Ohren. Eine Zeit, in der Computer noch grüne Schrift auf schwarzem Grund waren, in der ich meinen Akustikkoppler frisch gegen ein erstes Modem getauscht habe. Keine Tablets, keine Handys, kein Facebook, kein Twitter.

Wir benutzten noch Faltkarten im Auto und rauchten und tranken und feierten, als gäbe es kein Morgen.

Wer meine Romane kennt, wird hier einen anderen ›Meister‹ entdecken können.

Es war 1991 – wir waren frei.

In diesem Sinne wünsche ich viel Vergnügen mit den kurzen Geschichten.

Münchehagen, 2019
Derek Meister

DER ANRUF

»Du musst mir helfen, Peter«, sagte die Stimme des Mannes, noch bevor ich den Hörer ans Ohr heben konnte.

Ich grunzte ihm etwas entgegen, doch er redete weiter. Schlaf hatte meine Augen verklebt, ich öffnete sie nicht, obwohl es dunkel war.

»Verdammt. Du-du musst mir helfen! Hallo …? Bist du …? Hallo? Ich sitz hier fest. B-b-bist du dran? Diese Arschlöcher, verflucht, du weißt doch … Hallo, hörst du …?« Seine Worte waren ein Stakkato. Er unterbrach sich nur, um zu husten oder zu lachen. Ein verzweifeltes Lachen, voller Erstaunen und Angst.

Letztlich war ich mir nicht sicher, ob es wirklich Lachen war.

Seine Stimme klang blechern und ich vermutete, dass er aus einer Telefonzelle anrief.

»Hören Sie …«, begann ich, doch seine Worte übertönten meine.

»Das is' kein Scheiß, Peter. Ja?« Wieder hörte ich sein atemloses Lachen oder Weinen oder … Er begann zu stottern. »M-M-Mann, komm sofort her … Ja, ich weiß, wie spät's is'. Ich-ich mach's wieder gut. Ha-ha-hallo?

Scheiße, Scheiße …« Er schlug mit irgendetwas auf den Apparat. »… Biste noch dran?«

»Hören Sie«, begann ich von Neuem. »Ich weiß nicht, was mit Ihnen los ist, aber …«

Er unterbrach mich. »Peter? … Hallo? Bist du das?«

»Nein, Sie müssen sich verwählt haben.«

»Was? N-n-nicht Dietberger?«

»Nein. Mein Name ist S., Daniel S.«, sagte ich und horchte.

Stille.

Ich fürchtete, dass er aufgelegt hatte, denn ich konnte nichts mehr hören. Die Leitung rauschte nur, selbst sein Atem, der aufgeregt und flach seine Stimme begleitet hatte, war verschwunden. Plötzlich lachte er. Diesmal war es eindeutig ein Lachen. Laut, ja befreiend hörte ich ihn lachen.

Er lachte, bis ihm der Atem ausging – darauf folgte Husten.

»Beruhigen Sie sich. Was ist los?«

»Beruhigen? Sie haben gut reden … Das darf alles nicht wahr sein, verfluchte Scheiße …«

Ich war überrascht, keine Entschuldigung zu hören, der Typ begann mich langsam zu ärgern. Ich wurde wach. »Es ist jetzt kurz vor vier, Mann. Legen Sie auf und wählen Sie noch mal!« Ich schmiss ein leeres Glas um, als ich auf der Ablage nach meiner Brille fingerte. Als ich sie gefunden hatte, setzte ich mich aufrecht. Ich traute mich nicht, einfach aufzulegen.

»Noch mal … Hören Sie, das geht nicht! Mein Geld – war froh, die Groschen zu finden.«

Ich glaubte, er sei tatsächlich ruhiger geworden, zumindest hörte es sich so an, als habe ihn der Schock wieder zur Besinnung gebracht. Doch kaum hatte ich meine Brille auf, da wurde seine Stimme wieder laut.

»Ich hab 'ne Idee … Tu-tun Sie mir einen Gefallen? Ja?«

Ich konnte mir denken, was er wollte. Ich gab keine Antwort.

»Passen Sie auf, Sie, äh … Könnten Sie nicht bei ihm anrufen, ja?«

Es hörte sich an, als sei es die beste Idee seines Lebens. Er fand kaum Atem. Um dem Spuk ein Ende zu bereiten, stimmte ich zu. Ich fragte nach der Nummer.

»Haben Sie einen Stift?«

»Ja«, log ich. »Sprechen Sie.« Er nannte mir eine siebenstellige Nummer, die ersten drei Zahlen stimmten mit meiner überein, der Rest war komplett anders.

Ich nuschelte sie Ziffer für Ziffer nach. Die letzten Zahlen hatte ich schon wieder vergessen, als er fertig war.

»Haben Sie das?«

»Ja … Ich werde versuchen, was ich kann. Wo sind Sie denn jetzt, damit ich es ihm sagen kann?«

Er nannte mir eine Ecke, die ich nicht kannte.

»Alles klar«, meinte ich, um ihm Mut zu machen.

»Okay … Hören Sie, es tut mir leid, aber vielen Dank. Ich …« Weiter kam er nicht.

Ein Klicken, die Leitung war tot.

Ich horchte noch einige Sekunden in die Stille, dann legte ich auf. Seufzend nahm ich die Brille ab und legte sie zurück auf ihren Platz, dann strich ich mit beiden Fingern über meinen Nasenrücken, wie ich es zu tun pflege bei dem Versuch, klare Gedanken zu fassen. Doch diesmal kamen keine.

Für einen Moment schloss ich die Augen, und da spürte ich langsam, wieder einzuschlafen. Es war ein Gleiten, als rutsche man in ein anderes Bewusstsein. Ich drehte mich auf die andere Seite, Schlafen war ein einfaches Mittel, war ein vorzügliches Mittel, nicht über diesen Störenfried nachzudenken. Aber kaum hatte ich mich umgedreht, drangen die Gedanken in mir hoch. Ein Biss des Gewissens in das Hinterteil der Bequemlichkeit.

Was hatte ich getan in meiner eingebildeten Art?

Ich riss die Augen auf und starrte erneut gegen die Zimmerdecke, wälzte mich herum. An Schlafen war nicht mehr zu denken.

Hätte ich diesen Knaben wirklich anrufen sollen, hätte ich ihn mitten in der Nacht belästigen und ihm von seinem Freund erzählen sollen? Und wenn es nicht sein Freund war? Wenn dieser Typ ein besoffener Idiot war, dem es Spaß machte, Leute am Telefon zu belästigen? Aber dazu klang er zu ängstlich. Seine Stimme hatte gezittert, sein Lachen war ein unterdrücktes Weinen – da war ich mir mittlerweile sicher.

Auch der Blick auf den Wecker ließ die Zeit nicht verkürzen, Hitze war plötzlich unter der Bettdecke entstanden, ich hatte das Gefühl, in meinem eigenen Saft zu liegen. Ich schlug die Decke beiseite und legte mich auf sie, doch das schlechte Gefühl, unrein zu sein, blieb.

Schließlich stand ich auf, schob mich durch den dunklen Raum zum Schreibtisch und holte eine Zigarette. Ich setzte mich aufs Bett. Ich rauchte sie langsam, mit dem Blick auf die tanzende Glut. Es wurde nicht besser, mein Kopf blieb voll. Das Gefühl, falsch entschieden zu haben, falsch gehandelt zu haben, blieb, und was schlimmer war, die Feststellung, es nicht ändern zu können.

Ich stand auf, drückte die Zigarette im Ascher aus und stellte mich ans Fenster. Durch die Ritzen zwischen den Jalousien konnte ich die Straße erkennen, zwei Stockwerke unter mir schimmerte der Asphalt vom abendlichen Regen. Das Licht der Laternen war blau, ein blauer Schleier, der sich auf die Straßen legte. Auf der anderen Seite der Straße stand ein Mann hinter einem Fenster. Mit einem Handtuch um den Hals trank er Milch vorm Kühlschrank. Vielleicht hatte er gerade mit einer Frau geschlafen, verschwitzt und fertig suchte er nun Ruhe in der kühlen Küche.

Ich ließ den Blick über mein zerwühltes Bett gleiten. Es war leer, schon seit Monaten hatte ich viel Platz. Ein

Taxi fuhr vorüber, das Licht auf dem Dach war erloschen. In der Stille, die folgte, konnte ich das Rauschen der Autobahn hören. Ich blickte mich nach dem Wecker um. Es war jetzt kurz nach vier.

Etwas musste geschehen. Die Nacht konnte ich abschreiben. Zwar lockte das warme Bett, doch war ich mir sicher, nicht vor fünf, vielleicht halb sechs einschlafen zu können. Ich setzte mich an den Tisch, knipste das kleine Licht an und begann einige Kombinationen von der vermeintlichen Nummer auf die Schreibunterlage zu kritzeln. Sie hörten sich alle gleich an, wenn ich sie in Gedanken las. 45 67 oder 56 76? Ich konnte die Endungen nicht wiedererkennen, wusste sie einfach nicht mehr. Es hatte keinen Sinn, weiter zu knobeln.

Verärgert ließ ich den Kuli über die Zeilen streichen. Da fiel mir der Name ein, den er genannt hatte, und ich holte das Telefonbuch hervor. Ich blätterte durch die dünnen Seiten und fand tatsächlich eine ganze Reihe von Dietbergers. Jedoch keinen mit dem Vornamen Peter oder den ersten Ziffern meiner Nummer. Verärgert schlug ich das Buch zu. Das war's dann.

Ich machte endgültig Licht, ging in die Küche und setzte Kaffee auf. Während die Maschine zischte, ging ich ins Bad. Ich hatte einen Plan gefasst. Ich würde mich mit etwas kaltem Wasser erfrischen, mich anziehen, meinen Kaffee trinken und mich dann auf die Suche nach diesem Verrückten machen. Es war das einzig Vernünftige.

Der Kaffee war zu stark, ich hatte die Löffel nicht richtig abgestrichen, nun schmeckte er streng – jedenfalls machte er mich munter. Seine Wärme konnte jedoch das ungute Gefühl im Magen nicht vertreiben, jenes Grollen, welches etwas Schlechtes ankündigt.

Während ich ihn trank, blätterte ich in der Stadtkarte. Gott sei Dank erinnerte ich mich an den Straßennamen, den er genannt hatte. Insgeheim hoffte ich, die Ecke würde überhaupt nicht existieren, hoffte, er hätte mir eine Fantasie-Straße genannt. Doch diesen Gefallen hatte er mir nicht getan.

Es war nicht schwierig, die Ecke zu finden. Ein Blick in das Register, mehr benötigte ich nicht. Ich nahm die Autoschlüssel vom Bord, schloss die Tür ab und machte mich auf zu meinem Wagen.

Die Luft draußen war eisig. Trotz des guten Wetters, das nun schon über Wochen anhielt, sank die Temperatur nachts erschreckend tief. Ich fror, als ich den Wagen aufschloss. Ein kurzes Zögern, der Moment, in dem ich dachte, was mich jener Kerl anging, dann startete ich den Wagen und fuhr ihn suchen.

Ich brauchte nicht lange, die Ecke zu finden. Es war eine Gasse mit Kopfsteinpflaster, gerade so breit, dass ich den Wagen zwischen den rechts und links geparkten Autos bewegen konnte. Schon als ich in die Straße einbog, konnte ich am anderen Ende, dort, wo sie in eine weitere Gasse mündete, die Telefonzelle sehen. Gelb.

Wuchtig. Beleuchtet. Ich fuhr langsamer, schlich mich an diesen Leuchtturm heran.

Da bemerkte ich, dass die eine Scheibe der Zelle zerschlagen war. Das Innenlicht beschien die Splitter auf dem Boden.

Ich atmete laut aus, als ich den Schatten sah, der auf einer Seite der Zelle lag.

Ich stoppte den Wagen auf der anderen Seite der Straße. Die Schritte hinüber fielen mir nicht leicht. Ich versuchte, nur auf das Telefon zu achten, wollte ihn auch jetzt noch am liebsten ignorieren, aber meine Neugier siegte. Und als ich vor der Zelle stand und feststellte, dass der Hörer ordentlich an der Gabel hing, ließ ich meinen Blick über den Scherbenhaufen gleiten – schließlich auch über den Mann, der dort vor mir lag.

Er hatte dunkelblondes Haar und braune Augen. Sie sahen mich an. Über dem linken zog sich eine Schramme hin. Das Blut war am Auge entlang über die Wange gelaufen. Mittlerweile war es getrocknet. Auch seine rechte Backe war aufgeplatzt. Tiefe Rillen wie von einem Schlagring zogen sich bis zu seinem Mundwinkel. Er hatte den Mund geöffnet.

Ich trat näher an ihn heran.

Er lag direkt auf dem metallenen Rahmen des zerbrochenen Fensters.

Durch sein Hemd sah ich einen großen roten Fleck. Wahrscheinlich war er direkt auf die zerbrochene Scheibe gefallen, auf die letzten Splitter, die noch im

Rahmen steckten. Sie hatten seinen Rücken durchbohrt.

Ich musste mich abwenden. Erst jetzt wurde aus dem flauen Gefühl Gewissheit, ein Stechen und Wirbeln im Magen. Beißender Geschmack zog sich meinen Hals hinauf. Ich konnte das Würgen gerade unterdrücken. Einige Minuten lang sah ich fort, sah ihn nicht an. Dann überwand ich meinen Ekel, hielt schließlich meinen Kopf vor seine Lippen. Ich spürte keinen Atem. Ich konnte weder denken noch schreien oder weinen. Meine Hand vor den Mund haltend stand ich einfach da, blickte auf ihn herab.

Später rief ich die Polizei.

ERSTER SCHNEE

Als ich noch ein Junge war, wohnten wir in einer umgebauten Scheune nördlich von Meldorf, die uns ein Bauer vermietet hatte. Wir wohnten abseits des Dorfes an einer Wegkreuzung, an der drei, vier Aussiedlerhöfe standen, so weit ab vom Schuss, dass wir den Wagen brauchten, um in den Ort zu gelangen. Das Land dort oben war ein schönes Land; nicht atemberaubend oder grandios, dazu war es nicht weit genug, denn obwohl es Marschland war, gab es ausreichend Wäldchen, Dörfer oder eben doch Hügel, die den Blick wieder auf ein normales Maß schrumpfen ließen. An Schönheit verlor es deswegen nicht.

Mein Vater war ein Mann von grober Natur. Seine Hände glichen Pranken und sein fast kahler Schädel saß auf breiten Schultern. Er rauchte viel, besonders bei der Arbeit, und seine Fingerspitzen waren gelb vom Nikotin. Trotz seiner Größe hatte seine Stimme etwas Gemütliches. Seine Bewegungen passten nicht zu seiner Gestalt; er bewegte sich viel zu geschmeidig für einen Mann seiner Größe. Mein Vater verstand eine Menge von Motoren und Wagen – er hatte, bevor wir umzogen, in einer Kfz-Werkstatt gearbeitet – und so kam es oft vor, dass auf dem Hof zwei oder drei Wagen standen, die wir für Nachbarn reparieren sollten. Obwohl es manchmal in harte Arbeit ausartete, war es immer wieder ein Vergnügen; jeder Wagen stellte uns auf eine neue Probe, und wenn es uns gelang, ihn flottzumachen, so war dies ein Glücksgefühl – eine Bestätigung der Fähigkeit, wie sie manche vielleicht beim Jagen oder Fischen empfinden. Außerdem gab dies ein bisschen Geld, das wir sehr gut gebrauchen konnten. Es war natürlich verboten, schließlich fiel es unter die Schwarzarbeit, aber dort oben brauchte man schon immer die Hilfe von Nachbarn und keiner hängte seine Geschäfte an die große Glocke. Ich weiß nicht, wie viele Stunden ich mit meinem Vater unter den Wagen verbrachte, wie oft mein Gesicht von Öl und Dreck verschmiert, meine Finger und Füße steif vor Kälte waren.

Dies alles sind gute Erinnerungen. Und obwohl ich damals noch nicht sehr viel wusste, so war mir doch klar, dass es jene Momente sein würden, von denen man später erzählt. Ich muss in diesem Herbst dreizehn oder vierzehn gewesen sein – das war siebenundsiebzig, achtundsiebzig. Genau weiß ich es nicht mehr – das Erinnern kann eine schmerzliche Sache sein, man verliert schnell die Geduld, sich mit Unwichtigkeiten aufzuhalten.

Es lag etwas in der Luft in diesem Herbst, das spürte ich, und als uns jemand sein Auto anvertraute, wusste ich, dass mein Vater froh war, sich in die Reparatur vertiefen zu können. Wir krochen unter den Wagen und stellten fest, dass seine Bodenbleche völlig verrostet waren. Wir mussten neue Ersatzteile besorgen – was noch in unserer Garage lagerte, war spärlich, und wir fanden keine passenden Bleche.

Es war diesig draußen. Ein feiner Nebel hatte sich über die Wiesen gelegt und rückte den Horizont näher, teilte ihn in zarte Grauschattierungen. Ich trat vor die Tür und die Luft schlug mir ins Gesicht. Sie war von jener Kälte, die erfrischt, statt wehzutun. Beim Einatmen bemerkte ich ihren milden Geschmack; während jedes Atemzuges setzte er sich auf meiner Zunge nieder, und wenn ich den Mund schloss, um ihn besser zu schmecken, vertrieb ihn die Wärme meines Rachens. Es war Nachmittag, die Sonne schon versunken, aber man hatte sie den ganzen Tag über nicht gesehen. Hinter einer Wolkendecke war sie versteckt geblieben.

Mein Vater schwang sich hinter das Lenkrad unseres Lieferwagens und ich rutschte auf die Bank neben ihn. Noch im Wagen kondensierte unser Atem und ich empfand es kälter dort drinnen als an der frischen Luft. Hier war sie nicht so feucht, die Kälte härter; sofort begann sie im Gesicht zu stechen und die Hände zu verletzen. Er drückte das Gaspedal durch und ließ die Kupplung springen und wir jagten vom Hof. Ich zog die Decke hinter dem Sitz hervor und wickelte mich damit ein. Ich wusste, die Fahrt würde etwa eine Stunde dauern, und was gab es Besseres, als etwas zu dösen? Fahrten im

Dunkeln hatten für mich eine besondere Anziehung. Ich mochte es, wenn die Scheinwerfer sich durch die Dunkelheit schlugen und die Landschaft nur so groß erschien, wie die Scheinwerfer sie beleuchtete – aus dem Nichts kommend, ins Nichts verschwindend. Wir sprachen nicht viel miteinander – im Wagen herrschte das Getöse des Motors. Unter der Decke wurde es bald mollig warm und ich bemerkte, wie meine Gedanken abschweiften, während ich aus dem Fenster blickte. Schließlich schlief ich ein.

Überrascht kniff ich die Augen zu. Mein Vater hatte mich geweckt, und als ich die Augen geöffnet hatte, war es plötzlich taghell. Das Licht strahlte durch die Windschutzscheibe, ich benötigte einige Zeit, um mich daran zu gewöhnen. Mein Vater hatte den Wagen vor einem hohen Maschendrahtzaun geparkt. Mir war der Ort gut bekannt: Flutlicht stach vom Himmel und gab dem Schrottplatz einen ungewohnten Glanz. Ein Berg von altem Zeug – vorwiegend Wagen, aber auch vergammelte Kühlschränke, kaputte Herde, Motorteile, Reifen, Schilder, Stangen – all das, was für manche entbehrlich geworden war, lag hier brach. Mein Vater setzte die Wollmütze auf und wir stiegen aus. Als ich mich umdrehte, sah ich über das Feld die Lichter eines Dorfes. Sie hatten Mühe, durch den Nebel zu gelangen. Ich folgte meinem Vater zu einer Schranke, wir bückten uns unter ihr durch und gingen zu der windschiefen

Bude aus Wellblech und Holz. Durch ein Fenster schien Licht, ein Radio plärrte. Er klopfte gegen die Tür, das Radio wurde leise gedreht und nach einem Augenblick erschien ein Kopf. Die Augen waren freudig aufgerissen, nur wenige, aber dafür umso längere Haare fielen vom Schädel herab bis über die Ohren. Die Wangen schmal, die Stirn mit Falten durchzogen, der Mund fast ohne Zähne, so stand er vor uns in der Tür.

Ich mochte diesen schmuddeligen Kauz, und seit mein Vater ihn vor Jahren kennengelernt hatte, war er langsam zu einem guten Bekannten geworden – schließlich sahen wir ihn mindestens zweimal im Monat. Er half immer mit bei der Suche nach brauchbaren Teilen und war außerdem nicht abgeneigt, uns einen Rabatt einzuräumen. Alle nannten ihn Jochen, obwohl er anders hieß. Es schien ihn nicht zu stören. Er hatte sich nie beschwert.

»Na«, sagte er. »Wieder Teile besorgen?« Sie gaben sich die Hände und Jochen stieß die Tür weiter auf. Von drinnen verführte warmes Licht und der Geruch von Spiegeleiern mit Speck.

Ich konnte eine Matratze erkennen, vor der ein Heizlüfter stand, einen Stuhl und auf dem Boden einen Kocher mit Pfanne und verschiedene leere Flaschen. Mein Vater sagte mir, ich solle schon mal schauen, ob ich etwas fände, er werde später nachkommen. Die beiden verschwanden in der Hütte und ich wandte mich schließlich ab.

Mich suchen zu lassen, war nur eine Beschäftigungstherapie, ersonnen von zwei Männern, die gerne einen tranken, denn wenn sie rauskamen, wusste Jochen schon, wo die Bleche lagen. Ich ließ den beiden ihren Spaß, gaben sie mir doch so Gelegenheit, den Schrottplatz weiter zu erkunden.

Ich suchte mir eine Eisenstange. Natürlich wusste ich, dass Ratten bei einem solchen Wetter selten aus ihrem Bau krochen, aber sollte mir doch eine begegnen, wollte ich gerüstet sein. Nichts konnte die Zeit besser vertreiben, als auf dem Schrottplatz Ratten zu jagen. Ich habe niemals eine erwischt. Das Einzige, was mir gelang, war, sie kurz zu verscheuchen, und ich bin der Meinung, hätte ich wirklich eine totgeschlagen, so hätte ich aufgehört mit dem Spiel. Zumindest hoffe ich dies heute.

Ich entdeckte einen verrosteten Kran, der auf Ketten gefahren war und dessen Arm abgeknickt herabhing. Ich kletterte in die Kabine und stellte mir vor, er würde noch funktionieren. An den Steuerknüppeln drehend, verschiedene Knöpfe drückend verbrachte ich einige Zeit als Kranführer, dann ließ ich den Kran Schrott sein und wandte mich einem Haufen Reifen zu. Ich hob einige hoch und stocherte mit der Stange herum. Keine Ratten.

Da kamen beide aus der Hütte und winkten mich herbei. Noch bevor ich sie erreichte, hatte Jochen meinen Vater um einige Wagen geführt. Sie standen vor einer Plane, die völlig verschimmelt war. Jochen trug jetzt auch eine Mütze, und als er sich in die Hände blies, erkannte ich, dass er graue Handschuhe anhatte – solche, die die Finger freilassen. Er nahm die Plane mit beiden Händen und zog sie beiseite. Unter ihr hatte er einige Bleche und Stangen gesammelt, die ihm wohl noch gewinnträchtig erschienen waren. Nach einer kurzen Begutachtung entschied mein Vater, den Wagen zu holen. Er verschwand und Jochen und ich begannen, die besseren Bleche aus dem Stapel zu ziehen. Jochens Kopf so nah vor Augen erkannte ich die blauen Äderchen, die seine Wangen durchzogen und ihnen die blaurote Farbe gaben, und ich stellte plötzlich fest, dass er schon älter war, als ich bisher gedacht hatte.

Nachdem mein Vater gekommen war, schmissen wir die Bleche zu dritt auf die Ladefläche und deckten sie ab. Ich verabschiedete mich und wartete im Wagen. Während die Kälte wiederkehrte, die beim Arbeiten aus meinem Körper gewichen war, bezahlte mein Vater – einige Scheine wechselten die dreckigen Hände.

Bald war das Flutlicht im Nebel verschwunden. Wir fuhren dahin; niemand sprach, niemand gab einen Laut von sich, beide hingen wir unseren Gedanken nach. Ich war nicht mehr müde. Die Straße war leer, kein Wagen kam uns entgegen.

Da fingerte mein Vater aus der Ablage eine Packung Zigaretten hervor. Er nahm sich eine heraus und steckte sie in den Mund. Danach bot er mir eine an. Vielleicht war es der Fusel, der ihn das tun ließ – er war zwar nicht betrunken, aber als er sich vorbeugte, roch ich seinen Atem, und ich wusste, dass der Alkohol einen die komischsten Dinge tun lässt. Mir schoss sofort das Blut in den Kopf. Mir war der Moment überaus peinlich. Ich hatte zwar vermutet, dass mein Vater wusste, dass ich hin und wieder mit den anderen Jungen geraucht hatte, aber nie hätte ich gedacht, dass er mir einmal eine anböte. Er wusste, dass ich rauchte, und es schien, als hätte er keine Lust, es mir zu verbieten. So tat ich es ihm gleich und zog eine aus der Packung.

»Schau mal nach, da unten muss irgendwo Feuer sein«, sagte er, ohne den Kopf zu drehen. Ich wühlte im Fach und fand schließlich eine Packung Streichhölzer. Ich riss eines an und steckte mir die Zigarette an, dann gab ich ihm Feuer. Wie das Holz in meiner Hand brannte, hatte sein Gesicht einen ungewohnten Ausdruck. Es war ein Ausdruck von großer Konzentration, aber auch von Qual. Als wisse er, dass etwas bevorstand, mit sich selbst im Zweifel, als würde er abwägen, was zu tun war, in der Gewissheit, dass jede Entscheidung falsch blieb. Die kleine Flamme zauberte auf seine Züge einen fast goldenen Glanz. Nur für kurz, dann schüttelte ich sie aus.

Der erste Zug brannte in meinem Mund. Eigentlich mochte ich den Geschmack nicht. Ich konnte es nicht haben, ihn so lange zu schmecken, nachdem die Zigarette aufgeraucht war. Außerdem rochen die Finger immer verräterisch nach Rauch. Qualm stieg von der

Glut in meine Augen und ich musste mich wegdrehen; ich unterdrückte die Tränen nur mit Mühe. Schweigen.

»Du wirst es schaffen«, murmelte er schließlich, und mir waren seine Worte nicht klar. Ich blieb stumm, wusste ich doch nicht, warum er das gesagt hatte. Erstaunt schaute ich zu ihm hinüber. Ich hatte nie ein ernsthaftes Gespräch mit meinem Vater geführt, und wenn ich ehrlich bin, es auch nie gewollt, und es war mir zuwider, jetzt eines zu beginnen.

Doch mein Vater sprach nicht weiter, als hätte er schon alles gesagt, als sei ihm einfach ein Satz aus seinen Gedanken über die Lippen gesprungen. Ich war froh und in der Stille war es leicht, mir einzureden, er habe nur sich selbst gemeint oder das Schweißen der Bleche.

Aus dem Augenwinkel heraus sah ich, dass er einfach weiter auf die Straße starrte.

Er brachte den Lieferwagen vor der Garage zum Stehen und der Hunger trieb uns ins Haus. Meine Mutter öffnete und mein Vater schob sich an ihr vorbei in den Flur. Schweigend hängte er seinen Mantel an den Haken und schweigend setzte er sich an den Küchentisch. Er schlang das Essen herunter ohne eine Erwähnung, ohne eine Nachfrage, wie der Tag gelaufen sei. Und ich sah meine Mutter, die während des ganzen Essens nur aus dem Küchenfenster starrte und sich – selbst als mein Vater fertig war – nicht umdrehte. Dann stand er einfach auf, verließ die Küche, zog sich seinen Kittel an und verschwand wieder in der Garage. So war es die letzten Wochen gelaufen.

Noch am Abend begannen wir, alles für das Schweißen vorzubereiten. Wir luden die Bleche ab und schnitten sie auf Maß, danach legte ich mich schlafen. Mit offenen Augen lag ich im Dunkeln. Von unten hörte ich Stühle über Fliesen schnarren, hörte das Klappen von Schranktüren, und dann hörte ich ihre Stimmen. Aber all dies beruhigte mich nicht, denn meine Mutter klang enttäuscht und in der Stimme meines Vaters hörte ich eine Streitlust heraus. Es würde wieder in einer Zankerei enden.

Ich stand spät auf, und als ich nach unten kam, stand meine Mutter in der Küche. Sie war eine schlanke, ja dürre Frau. Ihr Gesicht war kantig – die Wangenknochen stachen hervor und das Kinn hörte geradewegs auf, wo es bei anderen in eine Rundung übergeht. Betrachtete man sie, so bekam man den Eindruck, einem Stadtmenschen gegenüberzustehen. Es war wohl nur ihrer inneren Zähheit und Durchsetzungskraft zu verdanken, dass sie es in der Marsch aushielt. Denn ganz entgegen ihrer äußeren Natur war sie von einer fast bäuerlichen Standhaftigkeit, einer inneren Ruhe.

Ich sah sie an und wusste, dass etwas geschehen war. Ihre Augen waren rot und auch ihre Wangen hatten jene zarte Farbe, wie sie sie haben, wenn sie geweint hat. Wie mit meinem Vater, so hatte ich auch mit meiner Mutter nie viel geredet. Wir waren immer gut miteinander ausgekommen, aber ich hatte es nie für nötig gehalten, mit ihr ernsthafte Gespräche zu führen. So etwas erledigte ich mit guten Freunden. Ich hielt mich aus ihren Zankereien heraus. Es sei ihre Sache, dachte ich, sie mussten selbst wissen, was wichtig für sie ist. Ich sage bewusst »wichtig«, denn was richtig ist, kann man meist nicht erkennen. Es zählt der Augenblick.

Noch immer sprachen wir kein Wort. Da trat ich auf sie zu und sie sagte nur: »Er ist weg.« Und sie umarmte mich und ich spürte ihre Hände auf meinem Rücken und legte meine um ihre Taille, legte meinen Kopf auf ihre Brust. Ich spürte ihre Wärme und roch ihren wunderbaren Duft. Fragen tauchten auf, die immer bleiben würden: Hatte mein Vater mich gemeint oder sich selbst? Hatte er schon im Wagen beschlossen zu verschwinden? Worüber hatten sie in der Nacht gestritten? Und ich dachte an Jochen, an feine blaue Adern, an die Zeit, dass sie einen mitschwemmt, so sehr man sich auch wehrt, dass nur Narren versuchen, gegen sie zu schwimmen. Und ich sah meinen Vater, wie die Glut langsam herunterbrannte, und dachte an den Augenblick und die Entscheidungen, die man traf, und die Folgen. Ich hörte ihren Atem. Gleichmäßig und gefasst. Ich bat: »Halt mich«, und sie hielt mich. Und ich wusste, dass mein Leben sich verändert hatte, und ich verstand, dass wir es nun alleine schaffen mussten – niemand würde uns helfen –, und ich begriff, dass wir es konnten, dass nichts uns aufhielt. Keiner sprach ein Wort, und doch war alles gesagt.

Durch das Küchenfenster sah ich den ersten Schnee fallen.

ELFTAUSENDZWEIHUNDERTDREI UNDZWANZIG

Für Mario Spallina

I

Logani wandte sich dem Zigarettenregal zu, dröselte eine Stange Marlboro auf und verstaute die Päckchen in der Ablage. Er zündete sich eine Zigarette an. Ein-, zweimal zog er, dann bugsierte er seinen fassernen Körper hinter dem Tresen hervor und ging zum Zeitschriftenregal. Während er die Zeitschriften sortierte und ordentlich zurücksteckte, schaute er durchs Fenster auf die Zapfsäulen.

Es regnete Fäden. Der Zubringer verschwand hinter einem Schleier warmen Wassers. Die Dusche lief jetzt schon seit vier Stunden. Obwohl er fertig war, stand er noch einige Zeit vor dem Fenster und sah den Regentränen zu, die an der Scheibe hinabrannen. Der Digitalwecker hinter dem Tresen piepte. *22:30* zeigte sein rotes Display.

Um elf würde er den Laden für heute Abend schließen. War nichts los, bei dem Sauwetter. Wenn es trocken war, kamen sie wie die Motten. Angezogen von Wein und Zigaretten – die jungen Kerle mit ihren Mädchen aus dem fünf Kilometer entfernten Dorf. Auf dem Weg nach Spina hielten sie kurz und stopften ihre Rucksäcke mit Bier und Wein voll, kauften ab und an Zeitschriften und Kaugummi. An manchen Abenden war die Schaufensterfront mit Rollern und Mopeds zugeparkt und die meisten tankten auch ein paar Liter.

Er betrat das Kabuff durch die Stahltür hinter dem Tresen. Heute hatte er genug Zeit gehabt, um aufzuräumen, doch er hatte es verschoben. Der junge Kassierer, der seit über zwei Jahren bei ihm arbeitete, war zu faul, einen Besen in die Hand zu nehmen. Er konnte es ihm nicht verübeln: Er war genauso. Im Aufschieben waren sie beide spitze.

Logani drückte seine Zigarette in den zu vollen Ascher und schob andere Stummel über den Rand.

»Mist«, er las sie von der Tischplatte. »Putzfrau feuern«, brummte er verbissen. Über den Gag lachen konnte er nicht mehr, denn leider hatte die quasselnde Bohnenstange mit dem Herrenbärtchen vor drei Monaten gehen müssen. Sie hatte fantastische Arbeit geleistet, er aber leider kein Geld mehr gehabt, um sie anständig zu bezahlen.

Die Cordhose musste für seine beaschten Finger herhalten.

Was hatte sie doch immer gesagt? *Logani, lass bloß den ganzen Dreck liegen, sonst brauchst du mich nachher nicht mehr.*

Wenn es so still wie jetzt war, schwebte etwas von ihr noch immer im Raum. Als wären ihre Bewegungen und ihr Geplapper, diese laute und hohe Stimme, noch immer in der Luft wie alter Rauch in den Gardinen. Unablässig redend war sie durch den Laden gewirbelt. Erst kurz vor Mitternacht hatte sie sich für eine Zigarette auf ihren Hocker gesetzt, nur um weiter zu schwatzen, bevor sie gegen ein Uhr nachts ihre Plastiktüte genommen hatte und nach Hause gegangen war.

»Scheiß Waschanlage«, stöhnte Logani. Er hatte geglaubt, mehr Kunden mit dem Anbau anzulocken, doch er hatte sich gründlich verschätzt. Die Waschanlage hatte ein Loch in seine Bilanzen gerissen – so groß, dass alle Tanklastzüge, die ihn jemals beliefert hatten, drin parken konnten.

»Mistding«, brummte er, nahm seine Regenjacke vom Stuhl und zog den schweren Schlüsselbund von Mickeys Nase. Die Maus pappte da nun seit siebzehn Jahren und hatte schon, als der Verkaufsraum nur bis zum ersten Pfeiler reichte, mit ihren Plastikaugen alles beobachtet. Grad mal zwanzig Quadratmeter, so hatte Logani den Laden übernommen; jetzt waren es über hundert.

»Hab immer den richtigen Riecher gehabt, genau wie du.« Er rüttelte die Maus ein wenig, merkte, dass sie nicht viel aushielt. Sie saß lose, der Kleber war mit den Jahren körnig geworden, die Tapete angegriffen. Grummelnd ließ er los.

Hinten ging's durch zur Waschanlage, aber um sie abzuschließen, musste er raus auf die Einfahrt. Das Tor war verzogen, er presste mit dem Fuß dagegen, um den Schlüssel zu drehen.

Logani drückte den Knopf, knatternd rappelte das Tor nach unten. Zu langsam für das Wetter. Das Wasser fand seinen Weg, lief seine Jacke runter, tropfte auf die Hose und schlängelte sich in seine Gummistiefel. Mit einem Krachen blieb das Tor schließlich stecken.

»Verdammt!« Logani packte die Kordel. Das Tor hatte sich verkeilt, er musste an der Schnur zerren, bis es freikam und er es per Hand herunterziehen konnte. Dann das gewohnte Spiel, mit dem Hacken abgestützt den Fuß gegen die richtige Stelle drücken und den Schlüssel drehen. Seine Kapuze rutschte in den Nacken: Die Tropfen liefen die Haare hinunter, an den Augenbrauen entlang über die Wangen. Endlich.

Er schritt an den Zapfsäulen vorbei, nach vorne zum Eingang – bloß rein.

Im Neonlicht standen zwei Männer. Einer der Männer blätterte in einem »Lucky Luke«. Logani sah nur seinen Rücken, aber den anderen, den konnte er sehen: Er rüttelte an der Kasse, schlug drauf ein und begann zu fluchen. Eine schwarze Skimütze verbarg sein Gesicht. Der Typ gab der Kasse einen weiteren Hieb und schaute auf. Der andere sah die Blicke seines Kumpans, drehte sich zu Logani, der immer noch auf dem Stück Kunstrasen stand.

Unangenehmes Kribbeln, als das Wasser seinen Hals hinunterfloß.

Ehe Logani etwas sagen konnte, zog der Comicfan eine Pistole. »Okay, ganz ruhig. Die is' geladen, ja? Mach keine Faxen«, zischte er durch seine Maske. Er winkte mit der Pistole in Richtung Tresen.

Logani kam der Aufforderung still nach. Er versuchte, sich so wenig wie möglich zu bewegen, bloß kein Zucken, bloß keine hastigen Gesten. In seinem Kopf nur das Bild von Colabüchsen, von all dem bunten Blech. Diese Dosen, die er Hornochse unter dem Tresen gestapelt hatte, auf dem ersten Regalbrett – direkt unter der Kasse. Scheiße. Dahinter ruhte das noch immer jungfräuliche Gewehr, schon seit Jahren geladen und nie damit geschossen. Während er sich am Ständer mit den Pornos und Feuerzeugen vorbeischob, schüttelte er innerlich den Kopf. *Schwachfug*, sagte er zu sich selbst, *das hat keinen Sinn, selbst wenn ich rankomme.*

Aber es gab noch eine andere Möglichkeit, weniger brutal und bestimmt genauso zwecklos: der weiße Knopf zwei Handbreit rechts von der Kasse, so von unten gegen die Tresenplatte geschraubt, dass man ihn nicht sehen konnte, wenn man sich nur leicht bückte.

Der Comicfan schlug mit dem »Lucky Luke« auf Loganis Kopf. Nicht stark, eher so, als gebe er einem lahmen Pferd einen Klaps.

Logani erschrak und sein mächtiger Bauch stieß gegen den Ständer. Ein paar der Hefte flatterten zu Boden.

»Ich … ich mach ja schon, jaja«, stammelte er.

Der andere Kerl trat zurück, bot mit beiden Händen die Kasse an und verbeugte sich übertrieben höflich wie ein Kammerdiener. Logani dachte: *Komm mit deinem Kopf hoch, du Arschloch!* Aber der Kerl hatte nichts gesehen.

Logani zog den Schlüsselbund. Das Bargeldfach glitt zackig auf. Es war nicht viel drin, zu regnerisch die letzten paar Tage. Der Kerl, der sich schon einmal mit der Kasse beschäftigt hatte, zog eine Plastiktüte hervor. Er drückte sie Logani vor den Bauch. Der zog stumm die Scheine aus ihren Fächern und stopfte sie in die Tüte.

»Das ist alles?!« Der Comicfan hatte mit mehr gerechnet, jetzt wo diese kleine Tankstelle sogar eine Waschanlage besaß und so viel Neon, dass man sie von Weitem sah, musste doch mehr zu holen sein.

»Ihr habt euch den falschen Tag ausgesucht«, entschuldigte sich Logani.

Der Typ schmiss den *Lucky Luke* quer durch den Verkaufsraum, »Red keinen Scheiß!«, schnappte sich die Plastiktüte und riss die Zigaretten vom Regal. Die meisten Schachteln rieselten zu Boden, nur wenige landeten im Sack.

Logani bemerkte, dass die Männer zu beschäftigt waren, zu zornig, um genau hinzusehen. Mit der Rechten ertastete er den Schalter und drückte ein paarmal drauf.

»Scheiße, Paolo, lass uns verschwinden!«, zischte der eine, aber Lucky Paolo Luke war noch nicht fertig. Er trat in die Glasvitrine mit den Brötchen. Viel zu kräftig für das dünne Glas. Es flog ihm um die Ohren, und als er seinen Fuß zurückziehen wollte, legte er sich fast hin.

»Nun komm endlich, der Fettsack ist fertig!«

Sie waren schneller draußen, als Logani gedacht hatte. Er schlürfte durch die Scherben und Zigarettenpackungen zum Platz seiner Exputzfrau und setzte sich und wartete … wartete …

Als nach einer Stunde immer noch kein Polizeiauto aufgekreuzt war, sah er unter dem Tresen nach: Die Kabel waren aus dem Schalter gerissen worden. Diese Scheißkerle.

Logani hielt die blanken Kupferenden zwischen den Fingern.

Er sollte sie erst drei Stunden später zusammendrücken.

»Tut mir leid, dass ich so spät dran bin«, murrte Logani den drahtigen Mann an. Während er aufschloss, fiel sein Blick auf das Pappschild, das er mit Tesastreifen an der Glastür mit den Werbeaufklebern fixiert hatte. *WEGEN URLAUB GESCHLOSSEN!* »Ich hab schlecht geschlafen«, rechtfertigte er sich nochmals.

»Ist doch nur verständlich, Herr Logani.«

»Möchten Sie 'n Kaffee?«

Statt einer Antwort stellte der Mann seinen Aktenkoffer auf den Hocker und betrachtete das Schlamassel. Die ganzen Splitter, mittlerweile kleingetreten von den

Polizisten, die offene Kasse, das leere Regal. Logani hatte nichts angerührt seit letzter Nacht, hatte alles liegen gelassen für diesen Mann, für ihn und seine Papiere.

»Sie verstehen sicher, dass wir den ganzen Papierkram machen müssen, aber …«

»Sicher. Ich bin ja froh, dass Sie so schnell kommen konnten.«

»Nun, dann wollen wir mal.« Der Mann ließ die Schlösser aufschnappen und griff sich ein Bündel Formulare. Er beugte sich zur gläsernen Truhe, ging in die Hocke, besah sich den Schaden von allen Seiten und strich Kreuze in seine Blätter. Logani holte die Rechnung der Brötchentruhe. »Ah, ja, gut«, lächelte der Versicherungsmann, als Logani ihm die Rechnung zeigte. »Was haben die Burschen denn aus der Kasse genommen?«

So beiläufig, so ohne Gewicht, als wäre es eine Summe, die täglich anfällt: »Elftausendzweihundertdreiundzwanzig.«

Es hatte die ganze Nacht gedauert, die Bücher zu frisieren.

Ein paar Liter Benzin hier, einige Träger Bier dort, Katzenfutter und Zeitschriften. Kleckerarbeit. Schließlich hatte Logani eine Schulklasse erfunden und, gierig nach allem, die Tankstelle stürmen lassen. Nachts um zwei, in der einen Hand den Müllbeutel, in der anderen seine Liste, plünderte er die Regale. Alles rein. Und

Logani stopfte seinen Wagen mit blauen Säcken voll. Dann anhand der Liste alles einbongen, nur nicht vergessen, die Uhr zu stellen, immer bemüht, genug Zeit verstreichen zu lassen. »Guten Tag«, »Hallo«, »Achtundzwanzig – fünfzig«, Ping!, »Ja, haben wir, da oben links«, Ping!, »Macht sechzig – dreißig«, Ping!, »Eine Stange gleich? Sie sollten nicht so viel rauchen.«, »Selbstverständlich«, Ping! Ping!

»Elftausend? Hm. Na, dann müssen wir wohl das andere Formular nehmen«, sagte der Hagere, und Logani konnte bloß auf den Kuli starren, bedruckt mit einer winzigkleinen Reklame der Versicherung.

»War viel los … Ich … Also ich meine, die Kerle wissen schon, wann sie zuschlagen müssen …«

»Hm, ja.«

»Wollen Sie die Bonrolle sehen?«

»Gottes willen. Das machen wir bei der Summe pauschal und gleichen mit der Inventur ab.«

Scheiße, hätte ich mir die Arbeit sparen können.

Und der Kuli fährt übers Papier. 1 – 1 – 2 – 2 – 3 Komma, Strich.

»Was ist hiermit?« Der Hagere zeigte auf das Zigarettenregal. Zwei Packungen hielten einsam Stellung, keine Schachteln auf dem Boden, alle mittlerweile in Loganis Schreberhäuschen am Stadtrand, gut verstaut in wetterfesten Beuteln.

»Warten Sie, ich hab das gestern noch abgezählt. Man will ja immer gleich wissen, was die Halunken angerichtet haben … 289 Packungen – plus der vierzig Stangen Marlboro.«

Das war zu viel, das war zu viel, er hatte übertrieben. Die hätten ja mit einem Laster kommen müssen!

Er wischte sich den Schweiß von der Stirn, als der Versicherungsmann umblätterte.

»Na, das geht ja noch …«

Das geht ja noch? Shit! Logani musste sich anstrengen, den Mann nicht verblüfft anzustarren.

Niemals so viel Gewinn in einer Nacht gemacht, dachte Logani kurz darauf. Knapp zwölftausend, plus seiner Beute, mit der er die Regale nach und nach wieder auffüllen konnte. Das Loch, das die Waschanlage gerissen hatte, war ein wenig gestopft. Er nahm einen Besen und begann den Boden zu kehren.

II

»Hallo, lange nicht gesehen«, strahlte der blonde Mann, nachdem er ein Comicheft aus dem Regal gezogen hatte.

Die Türglocke bimmelte und ein zweiter Kerl trat ein. Beide waren ordentlich gekleidet: Hemd, dezente Anzüge, geschmackvolle Krawatten. Logani begriff nicht.

»Ja? Was wünschen Sie?«

»Dieses Heft hier.« Der Blonde kam an den Tresen, der andere zog aus der Anzugtasche eine Skimaske, nickte und stopfte sie zurück.

Logani stutzte. Er brauchte einen Moment, um zu begreifen. *Dreist*, dachte er dann, *kack dreist.*

Es war kurz nach Mittag.

»Scheiße ... Jungs, das ist nicht fair!«

Der Blonde schlug den Comic auf die Tresenplatte, packte Logani am Kragen und drückte seinen Kopf auf das Lucky-Luke-Cover.

»Dicker! Weißte, wer fair is'?«, stieß er hervor. »Der Kerl da! Der is' fair!« Sein Kumpel begann zu kichern, während der Blonde seiner Theorie Ausdruck verlieh, indem er Loganis Kopf auf das Bildchen vom glücklichen Luke schlug.

Blut lief Logani aus der Nase, er wischte es zitternd beiseite. »Was – was wollt ihr denn noch?«

»Wir lassen uns nicht gern verarschen.« Er holte eine Zeitung hervor. Ein Foto von Loganis Tankstelle auf der zweiten Seite des Lokalblättchens und mit Kugelschreiber umkreist die Summe der Diebe. Spiralen um diese Zahl, die Logani der hübschen Zeitungspraktikantin genannt hatte. Dieser Betrag aus unzähligen Posten zusammengestückelt, nun herausgehoben aus dem schmalen Artikel.

»Du schuldest uns noch zehntausendneunhundert. Die siebenundvierzig tanken wir gleich weg!«

Logani wusste nichts zu erwidern. In der Pause, die entstand, hörte er einen Lastwagen zwischen den Zapfsäulen halten und das Flappen des Ventilators. Er hatte sie unterschätzt. Zwei bekiffte Kerle – so hatte er gedacht –, die sich spontan entschlossen hatten, ihn auszurauben, für Shit, für Dope, für Alkohol … Und jetzt waren sie die Finger einer mächtigen, schattenhaften Gestalt. Der örtlichen Mafia.

»Wir schauen einmal die Woche rum. Und du gibst uns einfach, was du hast. Wir zählen ordentlich zusammen – keine Sorge«, sprach der Blonde und tätschelte fürsorglich Loganis Kopf.

Sie ließen ihn einfach stehen, hinter den Regalen mit Süßigkeiten, hinter dem Ständer mit Heften, hinter seinem Tresen, hinter dem Gewehr.

III

Logani knabberte die Häppchen von seinem Konto ab, Monat für Monat wurde es dünner. Nach vier Monaten erwischte er sich um drei Uhr nachts im Badezimmer, mit einem Röhrchen Kopfschmerztabletten. Es war leer. Die Versicherung hatte immer noch nicht überwiesen.

Es musste etwas geschehen. Ein Plan musste her: Die Wäscheleine stammte aus seinem Keller, fest genug. Wenn seine Frau außer Haus war, übte er im Badezimmer. Es war zu schaffen.

Logani war versucht, es gleich hinter sich zu bringen – aber schlau genug, eine Karenzzeit einzuschieben. Einen Monat wartete er, träumte davon und schluckte weiter die Tabletten gegen das Dröhnen im Kopf.

22:30 – wieder Regen. Der Knoten saß falsch, viel zu weit vorne. Er rückte ihn durch Pressen an den Beton richtig. Gott sei Dank hatte er diesen Knopf unter der Theke – wenn man es genau nahm, saßen alle Knoten zu locker, aber eine Telefonnummer wählen konnte er nicht mehr. Gut.

Mit dem Kinn auf dem Boden, die Hände auf den Rücken gebunden, robbte er von seiner ausgewählten Ecke zur Theke. Siebzehn Minuten, er war die Strecke mit dem Auto vom Revier abgefahren. Er schmiss ein paar der Dosen um, als er sich aufrichtete und aus dem Gleichgewicht kam. Beim zweiten Versuch gelang es ihm. Und Logani drückte den Taster mit dem Kinn, drückte sein Gesicht gegen das Stück Plastik. Siebzehn Minuten, siebzehn Minuten, in denen Blut von seiner Stirn an der Nase hinablief und auf den Boden tropfte. Es hatte unvorstellbare Überwindung gekostet, sich die Flasche über den Kopf zu ziehen und mit einer der Scherben seine Stirn zu schlitzen. Aber er wollte konsequent sein, wollte nichts dem Zufall überlassen, wenn die Alarmierten ihn finden würden. In seinem Schreberhäuschen versperrten mittlerweile Müllsäcke die beiden Zimmer, stapelten sich bis zur Decke.

Diesmal hatte er sich nicht die Mühe gemacht, aufzuräumen: Überall lag das Sortiment herum. Zigarettenpackungen, Bierflaschen, den Ständer mit Comics umgeworfen, die Kühlvitrine zertreten. Alles sollte nach einer Flucht aussehen, die Täter unbekannt.

Logani blickte zum Wecker: noch fünf Minuten.

Er schloss die Augen.

Als er die Augen wieder aufschlug, sah er schwarze Halbschuhe und lächerliche Socken. Wie kann man Socken mit Comicbildchen drauf tragen?, schoss es ihm kurz durch den Kopf – er blickte hoch.

Lucky Luke.

»Scheiße! Was ist denn hier … He, du Arschloch, wer war das?«

Von weiter hinten war Lachen zu hören. Paolo beugte sich runter.

»He, Fettsack, du bist unsere Kuh! Scheiße!«

»Los, lass uns abhauen!«, zischte der Zweite, nachdem er sich gefangen hatte.

»He, Schnauze! Ich bin mit dem noch nicht fertig. Wie sollen wir denn jetzt unsere Kohle … Verfickt!«

Das Gesicht des zweiten Gasts erschien über der Theke.

»Lass ihn, komm schon!«

»Die Sau mach ich fertig, die das hier angestellt hat. Die is' fällig. Das is' unser Scheißrevier.«

Logani erwartete einen Tritt, aber es kam keiner.

Stattdessen packte ihn der Blonde am Kragen und zog ihn hoch. »He, Dicker! Wie sah der Arsch aus, häh?«

Keine Antwort.

»Los jetzt!«, beharrte der Zweite, und als er sah, dass sein Drängen Lucky Paolo Luke nicht interessierte, wurde er persönlich: »He, Scheiße, der Fettsack tropft deinen Anzug voll!« Und tatsächlich, der Blonde stieß Logani weg und sah nach seinem Jackett.

Logani prallte mit dem Kopf gegen irgendetwas. Schmerzen durchzuckten seinen Schädel.

Das Letzte, was er sah, waren zwei Polizisten, die die Tür zur Tankstelle auftraten. Bevor er ohnmächtig wurde, hörte er Stimmen schreien, das Einschnappen von Handschellen.

Das befriedigende Rumoren der Waschanlage war schon Teil seines Traums.

FAST FOOD

Auf den Straßen herrschte Chaos. »96« hatte gegen St. Pauli eins zu null gewonnen, das nächtliche Hannover war eine Woge aus Lärm und Licht. Wir saßen im Auto vor McDonald's und aßen unser Menü.

»Ich wollte ihn nicht verletzen, weißte?«

Ich wusste nur zu gut. Ich biss in den Big Mac. Die weißliche Soße rann meinen Handrücken runter. Nicht wissend, was ich antworten sollte, schaute ich zu ihr rüber. Durch das blasse Licht der Parkplatzlaternen verschwammen ihre Züge. Ich mochte sie noch immer.

»Schon klar, wer will das schon?«, meinte ich.

Sie sog am Strohhalm, die Leere ließ sie schlürfen. Draußen stürmte eine Horde Fußballfans vorüber. Ich sah, wie jemand eine rote Leuchtkugel abfeuerte. Sie flog quer über die Kreuzung. Autofahrer hupten. Ob vor Freude über den Sieg oder aus Ärger wegen des Geschosses, konnte ich nicht sagen. Laut grölend zogen die Freaks weiter – die Kugel war in den Rinnstein geschlittert und glimmte.

»Ich meine, wahrscheinlich war es besser so, jetzt Schluss zu machen, als noch länger zu warten. Du hast schon das Beste getan.«

Sie grunzte nur.

»So hast du ihm sicher am wenigsten wehgetan.«

»Mag sein«, sagte sie.

Ist so, dachte ich, ist so und nun iss auf. Ich weiß, wie verdammt gut du jemandem wehtun kannst!

Die Soße klebte. Ich schob mir den letzten Bissen in den Mund und versuchte, die Tunke von der Hand zu lecken. Schließlich verbrauchte ich fünf Servietten und stopfte die Pappschachteln in die Tüte zurück.

Zwei Typen schlichen um einen BMW, der direkt an der Straße parkte. Ich sah, wie der eine sich zum Schloss beugte. Sie sagte irgendetwas – ich achtete nicht auf ihre Worte, gab nur ein Murmeln von mir, um vorzutäuschen, dass ich bei ihr sei. Er hatte die Tür auf und zwängte sich hinter das Lenkrad. Jetzt öffnete er seinem Freund. »Schuldige, was hast du grad gesagt?«

»Ich meinte nur, dass du wohl recht hast.«

Der Mann tauchte verdächtig tief unter das Armaturenbrett. Ohne den Blick von ihnen zu wenden, griff ich nach dem leeren Cola-Becher und stopfte ihn zu den Schachteln. Der BMW sprang an, der Typ kam wieder nach oben, grinste seinen Beifahrer an und gab Gas. Ich schaute ihnen nach, sah, wie sie über die Kreuzung fuhren und schließlich irgendwann abbogen.

Verrückte Welt, dachte ich und schmunzelte.

Sie redete immer noch. Ich sah zu ihr, besah mir ihre Stirn, das Haar, das lang an ihren Wangen die Schultern hinabfiel.

»Hörste mir überhaupt zu?«

»Natürlich, ja … Äh …« Ich wiederholte ihre letzten drei Worte, ohne den Anfang des Satzes behalten zu haben. Dieses ganze Gespräch ging mir auf den Geist. Sie sprach von ihrem Ex-Freund, dass sie ihn gerngehabt habe und nicht habe verletzen wollen. Deswegen habe sie schon so früh Schluss gemacht, als sie bemerkte, dass es mit ihnen beiden nichts wurde. Ich – als sein Freund, ich als *ihr und sein* Freund, sollte ihr wohl gut zureden, das Richtige getan zu haben. Also spielte ich die Rolle, die sie mir zuwies, obwohl ich wusste, wie verdammt gut sie jemandem wehtun konnte, ohne es vielleicht zu wollen.

Ich hatte Lust, verbotene Dinge zu tun.

»Fertig?«, fragte ich und zeigte auf ihre Hamburger-Schachtel.

»Oh, ja … Wir können … Wohin?«

»Hmm, fahren wir noch zu dir und trinken ’n Kaffee?« Ich tat so unverbindlich, wie ich nur konnte. Sollte sie mein Spiel schon jetzt erkennen, wäre alles aus. Aber was war schon dabei, ich als guter Freund, als guter, alter Freund, konnte ich doch meiner missglückten Liebe ein wenig Halt …? Was war schon dabei? Ich wusste, ich war ein Schwein.

»Ja, gute Idee, fah’n wir zu mir. ’N Kaffee könnt ich jetzt auch gut brauch’n.«

Ich sah auf die Uhr, es war viertel elf: »Eben, is’ ja noch früh am Abend.« Ich startete den Wagen und fuhr so nah wie möglich an den Mülleimer heran. Sie schmiss die Papiertüte aus dem Beifahrerfenster und wir fuhren los.

Es war eine schattige Ein-Zimmer-Wohnung, dritter Stock. Der Zeitschalter für das Treppenhaus war kaputt, wir lachten, als wir die Treppe rauf fielen. Es schien sich alles prächtig zu entwickeln. Mittlerweile hatte sie auch aufgehört, von ihm zu reden; ich machte mir Hoffnungen, als sie keck mit dem Hintern die Tür ins Schloss fallen ließ.

Sie machte Licht in der Küche, und während sie die Jacke aufhängte, stahl ich mich auf die Toilette.

Langsam angehen lassen, dachte ich mir. Behutsam, Junge. In dieser Bude hast du schon mal eine mächtige Abfuhr bekommen.

Als ich in die Küche kam, stand schon die Kanne mit Wasser auf dem Herd.

»Sorry, ich hab nur welchen zum Aufbrühen.«

»Is' doch egal.« Ich rückte einen der Stühle vom derben Holztisch und setzte mich.

»Willste auch?« Sie langte in die Obstschale und hielt einen Apfel hoch. Ich nickte nur und sie schmiss ihn rüber. Ich aß ihn in großen Bissen, meinen Blick nicht von ihrem zarten Fuß nehmend. Sie hatte sich schräg auf den Stuhl gesetzt und ein Bein raufgezogen. Sie umfasste mit der Hand ihren Knöchel, das andere Bein ließ sie baumeln. Sie hatte keine Strümpfe an, das kleine Kettchen um ihren Knöchel faszinierte mich. Ich hätte sie stundenlang ansehen können, im spärlichen Licht. Ich würde diesem Typ Frau ewig verfallen sein. Straffe Wangenknochen, dunkle Augen, dunkles Haar – schulterlang. Sie hatte in eine Strähne Holzperlen eingeflochten und begann nun, damit herumzuspielen. Sie wickelte die Strähne um ihren Zeigefinger, ließ los und fuhr hoch und runter. Ich wurde fast verrückt. Am liebsten wäre ich über den Tisch gesprungen, hätte sie endlich geküsst, hätte ihren Knöchel gestreichelt, ihr Gesicht und ihre Brüste. Stattdessen stand ich auf, ging zur Küchenplatte und zog den Mülleimer unter der Spüle hervor. Ich warf das Apfelgehäuse rein. An die Platte gelehnt sah ich zu ihr hin. Sie blickte mich nicht an, sie starrte auf die Obstschale in der Mitte des Tisches. Da war es wieder, dieses Profil, was ich schon im Auto so bestaunt hatte, der leichte Schatten unter dem Wangenknochen, die zart geschwungenen, halb offenen Lippen, die rundliche Nase mit dem kleinen Knick.

Boxernase, dachte ich, und weiter: Mama, tu was, sonst verknall ich mich erneut in diese Frau.

Ich zog aus der Hosentasche die Packung Luckys hervor, sie war vom Sitzen reichlich ramponiert. Ich musste die Zigarette erst geradebiegen, bevor ich sie ansteckte. Keiner sagte etwas, wir warteten wohl beide, dass uns was Geistreiches einfiel. Da schrie die Kanne. Sie sprang auf und stürzte zum Herd. Ich öffnete eine

Schranktür, um Becher zu holen, ich fand sie nicht sofort.

»Scheiße, ist das heiß!« Sie hatte die Kanne vom Herd genommen und hielt sie in einer irrwitzigen Verrenkung fest. Ich griff an ihr vorbei zu den Topflappen und half ihr, die Kanne zu kippen. Ich holte Löffel aus einer Schublade, sie tat jeweils einen gehäuften mit Kaffee-Pulver in die Becher. Dann setzten wir uns wieder an den Tisch, jeder an seine Seite, die Becher vor uns. Wie auf Kommando begannen wir, an dem heißen Zeug zu nippen.

»Mann, jetzt hätte ich's fast vergessen.« Sie ließ den Becher beinahe fallen. »Ich muss hier irgendwo noch 'ne Flasche Wodka haben, wart mal …« Sie stand auf und begann, die Küche auf den Kopf zu stellen. »Mist, wenn man das Zeug mal will, is' es nich' da.«

Ihr Hintern waren zwei pralle Halbkugeln in der engen schwarzen Jeans, als sie sich vorbeugte, um hinter der Fritteuse diese Flasche hervorzuzaubern. Ich begehrte sie, ohne Frage. Sofort begann sie sich einen kräftigen Schluck in den Kaffee zu kippen. Ich schaute erstaunt zu.

»Hier. Schmeckt genial.« Sie knallte die Flasche vor mich hin.

Ich tat es ihr gleich. Sie hatte recht, es verbesserte den Geschmack der Aufbrühplörre enorm. Nachdem ich die Hälfte des Bechers geleert und zum dritten Mal nachgeschenkt hatte, spürte ich den Wodka arbeiten.

Wenn wir in dem Tempo weitersaufen, sind wir in einer halben Stunde zu breit zum Bumsen, dachte ich noch, dann landete der nächste Schluck im Kaffee.

»Wer zuerst?«, fragte ich heiter. Meine Wangen waren heiß. Ich hielt die Flasche mit der Hand umfasst, sie stand wieder auf der Mitte der Platte. Ihre Hand umklammerte den Hals.

»Ja, wer zuerst?« Sie schien genauso unsicher zu sein wie ich. Ich zuckte mit den Augenbrauen und beugte mich zur Flasche. Sie legte eine überzogen böse Miene auf, zog die Brauen runter, die Lippen zu einem Schmollmund. Ich grinste breit, das Kinn fast an der Flasche. Ihr Kopf kam auf mich zu. Ich sah in ihre Augen. Ihre Pupillen waren schwarz, fast nicht von der dunkelbraunen Iris zu unterscheiden.

»Wer zuerst?« Lächelnd wiederholte sie die Frage. Wir wussten beide, dass sie sich nicht mehr auf die Flasche bezog. Da kam sie mit ihrem Kopf noch näher, berührte ihrerseits fast den Flaschenhals.

Noch fünf Zentimeter, dachte ich, du Idiot, noch fünf Zentimeter. Nun mach schon.

Mittlerweile hatte ich mächtig einen im Kahn, es fiel mir also nicht gerade schwer, der Erste zu sein. So drückte ich meine Nase gegen ihre und sah ihr in die Augen. Meine Hand strich über ihre, ohne dass sich die Flasche bewegte. Ich legte den Kopf zur Seite und spürte, wie ihre Lippen näher kamen.

Das haben wir doch sauber hinbekommen, dachte ich noch, dann fühlte ich ihre Lippen auf meinen. Unsere Zungen umschlangen sich, ich wollte sie fressen, wollte sie ewig weiter küssen. Ich löste meine Hand von der Flasche, umfasste mit beiden ihren Hinterkopf und streichelte über ihr Haar. Wir hörten nicht auf zu knutschen. Als sie ihre Hand fortnahm, fiel die Flasche um. Sie rollte quer über den Tisch und fiel mir in den Schoß. »Scheiße«, schrie ich noch, dann löste ich mich aus der Umarmung und packte zwischen meine Beine, noch bevor die Flasche zu Boden fallen konnte.

»Schwein gehabt, häh?«, sagte ich. »… Erster!« Ich schraubte die Kappe ab und ließ mir einen Hieb in den Becher laufen. Jetzt gab ich ihr die Flasche. Sie sah mich verspielt an, als sie sie packte. Ich hätte mir die Haare raufen können. Frauen können dich mit einem Blick töten oder wieder zum Leben erwecken, das ist wahrhaft gespenstisch an ihnen. Sie nahm die Flasche hoch und begann aus ihr zu trinken. Ich schüttelte belustigt den Kopf.

»Und raffgierig is' sie auch noch.«

»Und wie …«

»Nun gib schon her.« Ich nahm einen tiefen Schluck. Es schüttelte mich. »Hat diese Wohnung eigentlich noch andere Zimmer?« Ich richtete meinen Blick gegen die Decke und spitzte die Lippen, als würde ich pfeifen.

»Sicher, aber in denen ist schon lange nichts mehr passiert.« Wieder dieser Schmollmund, Grübchen, rechts wie links. Ich stand auf und kam zu ihr herum. Sie erhob sich, ihre Hände gruben sich in meine Hosentaschen – sie kniff mir in den Hintern. Ich küsste ihren Hals. Mein Gott. Sie roch nach Wodka und Vanille. Sie knabberte an meinen Ohrläppchen – ich wurde fast verrückt. Meine Hände wanderten unter ihr Shirt.

Warum noch den Raum wechseln, überlegte ich, mit dieser Frau würdest du es überall treiben, selbst unter dem Tisch eines Restaurants, à la Woody Allen. Da löste sie sich ein wenig, schlich um mich herum und umfasste meine Taille. Dann schob sie mich in Richtung Tür. Ich langte noch nach dem Wodka, und ab ging's.

Ein letzter Schluck aus der Flasche, sie ließ sich aufs Bett fallen, zog mich einfach mit. Ich landete auf ihr und begann, sie aus dem Shirt zu pellen. Blasse, straffe Brüste, die Warzen hart und fest. Ich knabberte vorsichtig daran herum, sie öffnete meine Hose. Fummelte mit beiden Händen am Reißverschluss herum. Ich kniete zwischen ihren Schenkeln, zog das Hemd aus und streifte die Hose ab. Sie wand sich wie eine Schlange, um aus ihrer Jeanshaut zu gelangen. Ihr Schamhaar quoll unter dem Slip hervor. Ich küsste sie auf den Bauch, aufs Becken. Mein Kopf landete zwischen ihren Schenkeln. Meine Zunge tastete sich vor, ihre Fingernägel zerkratzten meinen Rücken. Ich tauchte auf, sie zog mich hoch, ihre Beine klammerten sich um mich, als wollten sie mich würgen. Nach wenigen Minuten lief uns der Schweiß über den Körper, wir schwammen im eigenen Sud. Ihr Atem keuchte flach bei jedem Stoß – ich hatte aufgehört zu denken.

Ich erwachte benommen; mein Schädel dröhnte bei jeder Bewegung. Ich drehte mich zur Seite und sah ihren nackten Körper neben mir. Sie wirkte zerbrechlich, wie sie dalag, die Augen geschlossen.

Schaue Schlafende nicht an, sonst raubst du ein Stück ihrer Seele.

Ihr Brustkorb hob und senkte sich langsam. Ich betrachtete ihre Brüste und den schlanken Hals. Sie hatte mich wieder infiziert, wie eine Grippe hatte sie mich erwischt. In diesem Moment wusste ich es. Ich sah auf ihre prallen Schenkel und wusste, dass ich wieder krank für sie war.

Die Sonne war noch nicht vollends aufgegangen, der Himmel dennoch bereits hell. Er tauchte das Schlafzimmer in schummeriges Licht. Ich tastete nach der Flasche Wodka, überwand meinen Ekel und nahm einen Schluck – am besten nicht aufhören, bei Kater am besten weitersaufen. Der Wecker zeigte zehn nach fünf. Ich überlegte, mich umzudrehen und weiterzuschlafen, entschied mich aber doch dagegen.

Behutsam stand ich auf, lehnte mich noch einmal vor und küsste sie auf die Schulter. Sie brummelte irgendetwas, ohne aufzuwachen. Ich suchte meine Klamotten zusammen, zog mich halbwegs an und schlappte in die Küche. Der Kühlschrank war leer. Für ein gutes Frühstück zu zweit fand ich nichts, nur trockene Toasts und etwas Marmelade. Ich entschloss mich, zu meinen Eltern zu fahren. Sie waren seit zwei Wochen in Spanien, mein kleiner Bruder hatte ›freies Haus‹ und ich hatte ihnen versprochen, auf dem Weg zur Arbeit bei dem Knirps vorbeizuschauen und ihn zu wecken. Die Schicht würde ich heute zwar knicken, aber wenn ich nicht bei ihm vorbeischaute, würde er die Schule schwänzen – ich kannte ja mein Brüderchen. Außerdem würde ich dort noch was Essbares finden.

Im Kopf rechnete ich die Minuten zusammen, ich würde wieder hier sein mit Käse und etwas Milch, vielleicht Quark und ein paar Brötchen, noch bevor sie aufwachte. Ich nahm ihren Schlüssel vom Bord und verließ die Wohnung. Draußen war es mittlerweile taghell, die Sonne schob sich zwischen die Giebel der Häuser und blendete.

Als ich die Tür aufschloss, hatten die Vögel begonnen zu singen, sie machten einen unglaublichen Krach. Ich ließ die Tür ins Schloss schnappen und hörte das Geplärre einer Glotze. Mein Bruder saß vor dem Fernseher und sah sich Trickfilme an.

»Was machst'n du schon hier?«, fragte ich ihn. Es war kurz nach sechs. Er knurrte nur, drehte nicht mal seinen Kopf. BUGS BUNNY sprang in sein Loch, wie versteinert starrte er auf die Mattscheibe. Ich zuckte mit den Schultern und machte mich auf in die Küche, kramte den Käse hervor, fand sogar einen Teller mit Schinken und Wurst, ein Glas Honig und Pfirsich-Marmelade. Ich packte alles auf die Ablage und sah über die Bar zum Sofa. Die Lehne war so hoch, dass ich nicht mal seinen Kopf sehen konnte. Ich griff in die untere Schublade und zog eine Büchse Bier hervor. Ein Kaffee wäre zwar jetzt das Richtige gewesen, aber ein kaltes Bier tat es auch. Er muss gehört haben, wie ich es aufriss.

»Haste auch eins für mich?«, hörte ich ihn rufen.

»He Mann, du bist erst vierzehn«, sagte ich. »Und außerdem ist es sechs Uhr, da trinkt man kein Bier«, murmelte ich vor mich hin. Ich warf noch einen Blick in die Lade. »Ach, scheiß drauf … Hier!« Ich zog eine Büchse raus und warf sie ihm zu. Er fing sie und riss sie überraschend routiniert auf.

Ich setzte mich zu ihm aufs Sofa. Drops philosophierte über irgendetwas. So saßen wir zusammen vor der Glotze, am kühlen Bier nippend, und schauten gemeinsam dem Treiben zu.

Ein wenig Zeit hatte ich ja noch. Manchmal bist du ein Narr, dachte ich – manchmal tust du Dinge, obwohl du weißt, dass sie in einem Fiasko enden.

DIE MAUER

Nach einer wahren Begebenheit.
Für Ricco

Er drehte den Benzinhahn zu, drückte sich unter dem Lenkrad heraus und wuchtete den Kasten Bier vom Rücksitz. Zwei Wochen Urlaub von der NVA – die beste Jahreszeit, das beste Wetter. Ganze vierzehn freie Tage nur für seine Aufgabe. Genug Zeit. Er stellte den Kasten ins Wohnzimmer, schnappte sich drei Flaschen und ging auf die Terrasse. Strahlend blauer Himmel über'm Harz, die Sonne war tausend Hände, sie streichelten sein Gesicht. Er zog sein Hemd aus, ließ das lächelnde Wetter auf sein Herz knallen. Dann köpfte er die erste Flasche.

»Bloß nicht so schnell, alter Junge – willst heute noch was schaffen. Heb den Rest fürs Fest auf«, sagte er zu sich und nahm einen kräftigen Schluck. So sehr er auch die Augen zukniff, die Sonne stand im Westen und blendete. Nichts. Der Grenzstreifen war nicht zu sehen. Das kleine Dorf im Nacken und fünfundzwanzig Kilometer voller Feld und Wald bis zum Stacheldraht. Er hielt sich immer an die Route, war nie weiter an die Grenze gefahren. Wozu Ärger mit den Grenzpatrouillen riskieren, festgehalten zu werden, bei einem Streifzug durch die Felder? Wozu Scherereien mit den Russen auf sich nehmen, deren Panzer rund um die Uhr durchs Dorf wälzten? Alle die Tadschiken und Usbeken, zu bekloppt, um Panzer zu fahren, aber gut darin, den Grenztruppen Tipps zu funken. Die einzige Mauer, die er sehen konnte, war seine eigene.

Verdammtes Mistding!

Er ließ die Flaschen unterm Sonnenschirm stehen und schlenderte die Senke runter. Ein paar Schritte Rasen, dann dieses Bollwerk. Zwei Meter hoch, einen satten Meter dick und zwanzig davon lang. Bescheuerte Mauer, aus Findlingen zusammengemörtelt – direkt auf seinem Rasen! Der beste Blickfang seit beschlagenen Trabischeiben.

»Heut kriegst du dein Fett weg.« Er ließ die Hose runter und pinkelte gegen die kalten Steine.

»Am besten wär's, ich spül dich weg. Ja, ärger dich ruhig!« Die Mauer schien's nicht zu stören – sie blieb stumm. Schließlich zeigte er ihr den Rücken.

Im Keller fand er, was er brauchte: einen ordentlichen Hammer, zwei, drei Meißel. Vorsichtshalber schnappte er sich noch die Brechstange und eine Leiter. Auf dem Weg zur Mauer legte er sich fast aufs Maul. Er schmiss alles vor die Steine, beschloss dann, außerdem den Klappstuhl und eine Flasche Wasser zu holen. Schließlich schleppte er sein Arsenal an das Ende der Mauer und drückte die Flasche griffbereit in den Rasen. Er wollte den Stuhl erst aufklappen, entschied dann jedoch anders: Er maß ein paar Schritte ab und lehnte ihn gegen die Steine.

»So, Freundchen, wenn ich dich bis dahin kleingekriegt hab, gönn ich mir ’ne Pause«, sagte er laut.

Drei Stufen auf der Leiter, und er war einen Kopf größer als das Ungetüm. Der Hammer wog schwer, der Meißel lag gut in der Hand und die Sonne gab ihr Bestes – in seiner Zuversicht sah er das Stück bis zum Stuhl bereits auf dem Rasen. Er suchte eine breite Fuge und setzte den Meißel an.

Der erste Schlag, voller Kraft. Der Mörtel war durch die Jahre spröde, das Metall ließ ein bisschen wegspritzen. Ohne Zögern holte er aus und der Hammer preschte nieder. Noch mal und noch mal …

Endlich eine andere Fuge.

Drei schweißtreibende Fugen und der Eckstein war frei. Er gönnte sich einen Schluck Wasser, kletterte mit der Brechstange hinauf und hebelte – als galt es, eine Schatztruhe zu öffnen. Nicht zu bewegen. Anstatt den Stein zu verrücken, rutschte die Stange ab. Jetzt hebelte es ihn fast von der Leiter. Erschrocken schmiss er das Brecheisen auf den Rasen und spielte besoffener Steuermann – beide Hände an der Reling und bloß nicht über Bord. Nachdem sein Adrenalin sich beruhigt hatte, las er das Eisen auf und versuchte es ein zweites Mal. Er stellte sich geschickter an oder die Götter der Physik kniffen ein Auge zu – der Quader jedenfalls scheuerte bis zur Kante. Ein freudiges Juchzen, als der Block das Gleichgewicht verlor und geschlagen auf den Rasen fiel.

Er zählte ihn kurz aus, als könne sich das Blatt unerwartet wenden, der Stein die Zunge rausstrecken und auf seinen alten Platz hüpfen. Doch der Gewinner stand fest.

Vier Stunden und zwei Flaschen Wasser später hatte er den ersten Meter bezwungen. Zwanzig kleine Qualen lagen auf dem Gras verstreut.

Während er ins Haus ging, um das Kofferradio zu holen, begannen seine Hände zu pochen – ein innerer Geist klopfte, dass man ihm den Meißel reiche. Er stellte das Radio auf einen Westsender und die Leiter einen Schritt weiter.

Wieder ein Findling – wer wohl suchen geht, um solche Brocken zu finden?

Zu Popmusik pfeifend schlug er den Takt in den Mörtel, zur siebenunddreißigsten Versicherungsreklame hatte er einen weiteren Meter niedergemeißelt und den Klappstuhl erreicht. Er stellte ihn auf, nahm ein Bierchen und hielt Ruhe.

Acht Stunden hatte er gebraucht. Mit dem Blick gegen die Steine rechnete er herum. In anderthalb Wochen würde er alleine im Ring stehen, den Kasten Bier als Pokal leeren.

Der Blick nervte – ein letztes Mal kletterte er die Sprossen hoch und setzte sich schließlich auf die Mauer.

Am nächsten Morgen waren seine Hände mit Blasen übersät. Die pochenden, roten Flecken hatten sich in Polster verwandelt – sie schmerzten, als er an ihnen herumpulte. Trotz der kleinen Sabotage durch seine Hände ging er die Senke hinunter. Die Leiter erwartete ihn an derselben Stelle, der Klappstuhl, das Radio. Alles ein Stillleben, das langsames Vorankommen ankündigte.

Das gleiche Ritual: den Klappstuhl drei Schritte weiter, die Leiter ausrichten und hinauf und weiter und schlagen und schlagen …

Gegen Mittag war es das Spiel leid. Er musste seiner Arbeit eine Nuance hinzufügen, irgendwas, dass es leichter fiel, ein Vorankommen zu erkennen. Die Lösung, dachte er, liege im Verkleinern der Ziele. Ein Stück Kreide sollte seine Philosophie stützen.

Er brachte eine halbe Stunde damit zu, sämtliche Steine durchzunummerieren.

Es funktionierte. Statt den Klappstuhl als Maß zu nehmen, betrachtete er den nächsten Stein, sagte sich: »47, du bist dran.« Früher als erwartet stand die Leiter auf Höhe des Stuhls und sein Tageswerk war vollbracht.

Es ging zwei Tage gut. Zwei Tage, in denen er Nummern klein schlug – Häppchen für Häppchen.

Dann beging er den Fehler. Bei Stein hunderteins begann er sich Gedanken zu machen, dass es nur noch sechs Steine in der ersten Zeile sind, bis er seinen Stuhl erreicht hatte. Und wie er erneut nach der Wasserflasche griff, berechnete er dreißig Steine für den Tag, und das Dilemma war perfekt. Einmal angefangen, konnte er den nächsten Stein nicht als Ziel betrachten und hatte so seine alten Etappen wieder eingeführt. Es fiel ihm zwar leichter, mitzuzählen, aber keineswegs, die vielen Steine niederzuschlagen.

Acht Tage, neun Tage – er zählte nicht mehr. Der Rasen hatte sich in einen Friedhof verwandelt. Als er eines Morgens aufwachte und aus dem Fenster sah, war mehr als die Hälfte geschafft. Und im taufrischen Gras waren die Feldsteine und kleinen Findlinge Markierungen eingebuddelter Körper.

Wieder stand er da und blinzelte der Sonne entgegen. In der rechten Hand die Flasche Sprudel, in der linken den Hammer. Seine Hände. Seine Hände, die mittlerweile kaum eine andere Berührung kannten, die zu Katzenfutter mutierten. Die Blasen waren aufgeplatzt. Das Wasser war herausgeflossen und nun scheuerte der Meißel direkt auf den Wunden. Er hatte die Schmerzen nicht mehr ausgehalten. Bei jedem Schlag war es, als träfe er nicht die Mauer, sondern ins eigene Fleisch.

Er goss sich das Mineralwasser über Finger und Handballen und das Pochen ließ nach. Sprudelfrischen Mutes machte er sich an die Arbeit, aber schon nach dem ersten Stein begann das Pochen und Brennen erneut – schlimmer als zuvor. Ihm blieb nichts, als die Arbeit abzubrechen. Die Gewissheit, dass sein Urlaub bald zu Ende sein würde, eine lange Erholungspause nicht drin sein konnte, trieb ihn zur Toilette.

Kurzerhand griff er sich das Klopapier und räumte die restlichen Rollen von der Ablage. Er verband seine Hand fachmännisch. Trocknete sie erst ab und wickelte sie ein. Das war besser. Er musste den Verband zwar dauernd wechseln, weil das Klopapier schnell vom Schweiß feucht, von Meißel und Hammer durchgescheuert wurde, aber die Hände schmerzten kaum noch. Selbst das Umklammern der Brechstange bereitete keine Schwierigkeiten.

Den nächsten Tag arbeitete er stärker und schneller als sonst, er gönnte sich nur wenig Pausen. Schritt in jeder das restliche Stück Mauer ab und mit jedem Schritt, den er weniger tat, stieg sein Enthusiasmus, stieg seine Kraft. Selbst als die Sonne »auf Wiedersehen« und schmusige Popmusik »gute Nacht« gewünscht hatte, meißelte er weiter.

Als seine Augen zu schmerzen begannen und er, auf allen vieren kriechend, das Klopapier nicht mehr fand, ließ er die Mauer Mauer sein.

Er schlief länger als die letzten Tage, aß gut und schleppte den Kasten Bier auf die Senke hinaus. Die letzte Nacht war kein böser Traum gewesen, es waren wirklich nur noch anderthalb Meter übrig! Ein breitschultriger Kerl, den es zu verprügeln galt. Wieder das Klopapier, wieder die Leiter, aber diesmal mit dem Lächeln der Überlegenheit. Er stellte das Radio so laut es ging und trug Sisyphos zu Grabe.

Freie Sicht! Am Abend hatte er freie Sicht. Die Mauer war ein Fragment seiner Erinnerung, war nur noch ein gezogener Dorn, der seine Hände etwas schmerzte. Endlich! Er pflanzte sich auf einen der verstreuten Blöcke, den Kasten neben sich.

»Hab ich dich, du Aas.« Er fand einen Klassiksender und zwanzig volle Flaschen – »Prost!« – und es dauerte nicht lange, da war er richtig schön betrunken.

Als es kälter wurde und die Flaschen sich erschöpft auf dem Rasen tummelten, begann seine Blase zu drücken. Er torkelte auf Toilette, pinkelte und wollte gerade scheißen, als ihm einfiel, dass er kein Papier hatte. Er schlürfte auf die Terrasse. Aber der Anblick ließ ihn sein Geschäft und das Klopapier vergessen. Er wollte nur noch so dastehen, mit dem Bier in der Hand, und sich das Trümmerfeld anschauen. Seinen Sieg.

Wie er später ins Bett kam, hat er nie erfahren.

Mitten in der Nacht wachte er auf. Zuerst dachte er, dass es der Alkohol sei, der sein Zimmer erzittern ließ. Aber als der Leuchter über seinem Bett klingelte und ein Bild vom Nagel sprang, war die Wirrung verflogen.

Dieses Dröhnen und Zittern kannte er zur Genüge: die Panzer, die Patrouillen, die durch die Landschaft und Dörfer preschten ohne Rücksicht auf Verluste.

»Diese Usbeken«, dachte er noch, dann deckte ihn ein Traum zu.

»Gelobter Tag« – er streckte dem Morgen seine gute Laune entgegen und trat auf die Terrasse. Sein Werk!

Erst fuhr sein Magen Achterbahn und dachte nicht dran, auszusteigen, dann meldete sein Gehirn einen Fehler, doch die Augen bestätigten alles.

»Die Nachhut«, schoss es ihm durch den Kopf!

Wie oft hatte er sie irgendwo gesehen, an einem Zaun, an einer zerfetzten Häuserecke, wenn die Panzer mal wieder etwas plattgemäht hatten? Wie oft? Diese Idioten mit ihren Funkgeräten, und wenig später den Einsatztrupp.

Sie hatten wirklich gedacht, die Mauer umgefahren zu haben.

Sein Rasen war ein Schlammloch, von Dutzenden Stiefeln zertreten. Sie waren hier gewesen, eine ganze Hundertschaft – sicherlich bloß zwei Stunden.

Es war ein bisschen wie eine Fata Morgana. Er ließ seine Hände drübergleiten: kalt. Zwei Meter hoch, einen satten Meter dick und zwanzig davon lang.

Jeder verdammte Stein diesmal in Beton.

NUR ANSTÄNDIGE

»Das ist ja noch schöner. Du willst mir also was erzählen, ja?! … Nein, komm mir nicht damit! Ich brauch mich nicht zu rechtfertigen! … Ja, genau. Es gibt solche Tage … Was? Ja, schieb's nur mir in die Schuhe. Ich hab nicht rumgevögelt … Du laberst nur Müll … Nein, Frauke, jetzt hörst du mir mal zu! Ich hab's satt, dauernd hinter dir herlaufen zu müssen! Bei dir ist doch alles drin … Ach komm, hör auf! Das glaubt dir doch sowieso keiner! … Nein! Ich hab die Schnauze voll, verdammt … Ja, ja – ja genau. Das war's denn … Ja, einfach so.«

Noch bevor Stefan sie schluchzen hörte, hatte er aufgelegt. Er ließ seinen Schädel nur einmal gegen das Glas der Kabine knallen – keine Zeichen für falsche Taten, nur bemüht, sich Schmerz zuzufügen, um zu kapieren, dass er wieder lebte. Dann zog er seine Karte aus dem Schlitz. Murmelte Flüche, während er sein Portemonnaie herauszog.

»Das glaubst du doch selbst nicht, dass es dir leidtut.« Er hatte es geschafft, er hatte ihr wirklich einmal die Meinung gesagt. Es war nicht schlimm, dass Frauke ab und zu über den Durst trank, aber sie konnte sich betrunken einfach nicht beherrschen. Sie dachte immer nur an den Augenblick, von Konsequenzen hatte sie nie was gehört!

Mann, dachte er, wie hast du es nur so lange mit der ausgehalten?

Sie hatte seine Würde gestohlen, ihn wie einen Deppen stehen lassen.

Stefan konnte es nicht fassen. All die saftigen Augenblicke, die er ungenutzt an sich vorüberstreifen ließ, weil er was von Treue hielt, von Loyalität. Kopfschüttelnd schloss er die Tür der Telefonzelle.

Im Auto drehte er den Dancefloor außer Reichweite und suchte einen Sender mit Kuschelmusik. Erst hatte er Klassik hören wollen, aber die Euphorie war in der Telefonzelle stehen geblieben und hatte der Schwermut das Zepter überreicht. Er hatte keine Lust, dagegen anzukämpfen. Bon Jovi sang ein trauriges Liebeslied. Er drehte voll auf.

»Schnauze! Sag denen, die sollen sitzen bleiben!« Er hatte sich das alles einfacher vorgestellt. Frank Spinetti hatte außer einer italienischen Mutter nichts mit der Mafia gemeinsam. Er war es nicht gewohnt, eine Waffe zu halten. Sein T-Shirt klebte am Körper, perlender Schweiß auf der Stirn, und die Haare pappten ihm im Gesicht. Der hallenartige Raum protzte mit Chrom und Marmor, mit Spiegeln und Kronleuchtern – Schicki-Bar – und ließ Frank zum Nichts verkommen. Er brüllte

Leonardo weiter an. Der hatte schon verstanden, er würde sich keinen Zentimeter bewegen und seine zwei Türsteher am Tisch auch nicht. Sie wussten, was ein nervöser Mann anrichten konnte. Einer hatte kurz überlegt, unter den Doppelreiher zu greifen, aber selbst wenn der Kerl ihn nicht erwischen wollte – vor dem Zittern war niemand sicher.

»Bleib ganz cool, ja, sonst richtest du hier noch ’ne Sauerei an.« Leonardo sprach ruhig, so ruhig, als wüsste er genau, dass die Waffe in Franks Hand nach hinten losginge. Frank versuchte, das Zittern zu unterdrücken, richtete den Lauf auf Leos Gesicht und atmete durch.

»Du hältst das Maul und räumst die Kasse leer«, befahl er. Es sollte tough klingen, aber er krächzte bloß.

Leonardo griff sich die Plastiktüte, die Frank auf die Theke geschmissen hatte. Langsam zog er die Bündel aus den Fächern, Frank kam es vor wie in Zeitlupe.

»Mach hin! Schneller!«

»Sag mal, warum machst du das, häh? Du warst doch mal ’n anständiger Kerl. Wir sind doch Partner, ich meine, ist das die Art, mit seinen Kollegen umzugehen?« Er zog den nächsten Batzen raus.

»Erzähl das deinen Freunden. *Partner*! Du schuldest mir noch dreihunderttausend.« Obwohl Frank schwitzte, war sein Mund trocken. Er unterdrückte das Verlangen, den Schweiß aus seinem rechten Auge zu wischen. »Ich schufte mich ab, wie ein Idiot, schlag mich mit dem ganzen Papierkram rum und dem bescheuerten Engländer – Mann, weißt du überhaupt, wie viel dreihunderttausend sind? Das sind 'ne Menge Scheine.« Frank wusste, dass er zu viel sprach, das alles kostete Zeit – doch er konnte nicht aufhören. »Was macht Frank? Frank spart, wo er kann, verkauft seinen Laden – für was?! Sag's mir! Für Flausen. Und du? Arschloch! Häh?«

Irgendetwas klirrte, er drehte sich herum. Er hatte die zwei hinter sich völlig vergessen. Einer der Typen hatte sich aus seiner Starre gelöst, hielt mit der Linken seine Krawatte und schaufelte seelenruhig seine Spaghetti. Als er Franks Bewegung sah, hielt er kurz inne.

Die Kasse war endlich leer.

»Los, komm rum. Na los doch, komm hier rum! Halt! Vergiss die Tüte nicht.«

Vorsichtig schob sich Leonardo zwischen der Theke und dem Regal mit erlesenen Weinen durch, immer darauf achtend, dass Frank seine beiden Hände sah. Frank packte ihn und drehte ihn herum, dann hielt er Leonardo den Lauf an den Hals.

»Vorwärts! … Langsamer! Schön langsam!«

Wohin? Wusste er selbst nicht. Er hatte Frauke anrufen wollen, um ihr zu sagen, dass er bald käme. Und dann das! Eine Dreiviertelstunde in dieser Telefonzelle. Eine Dreiviertelstunde, und er hatte sein Leben umgestülpt. All die Platten, die er nie wieder hören durfte, all die Dinge, die Bilder von ihr aufgesaugt hatten. Aber das war es wert – dieses Miststück – Stefan fühlte sich frei. Er kurbelte das Fenster runter, die schwüle Nachtluft wehte in sein Gesicht. Der Moderator nahm endlose Telefonate entgegen. Jetzt doch Klassik, genug den Erinnerungen nachgehangen! Genug ist genug, er hatte immer brav auf seiner treuen Haut gelegen, während sie … Diese Nutte!

Er bog nach links ab, mal sehen, ob Michael zu Hause war. Bei ihm konnte er sicher übernachten, und morgen würde er seine Sachen holen.

Leonardo drehte an der letzten Kombination. Dass Frank auch an seinen Tresor wollte, hätte er nicht gedacht. Dieser Hund, jetzt war er wirklich sauer. Der Verlust des Kleingelds war schmerzlich, aber zu verkraften – doch das ging zu weit.

»Das bringt dir eine Menge Ärger ein, Frank. Das weißt du, ja?«

Frank musste grinsen, das erste Mal seit ewigen zwei Jahren, dass er sich überlegen fühlte. Er merkte, dass er Leonardo getroffen hatte. Nicht umsonst hatte er einen Monat in seinem zerschlissenen Polo gesessen und das *LEOs, diese scheißkalte Riesenlounge,* ausspioniert. Leo war verdammt gerissen, er hatte mit Franks Geld den ganzen Schuppen gekauft und daraus eine Lounge für die Upperclass geschaffen. Edler Scheißdreck. Und Frank hatte lauwarmen Kaffee getrunken – aus der Thermoskanne – und Strichliste geführt. Dreihundert, zu viel für einen kleinen Zettel, auf einem DIN-A4-Blatt hatte er die Zehner zusammenstreichen müssen. Dreihundert Gäste am Tag – im Durchschnitt. Als er kurz durchgerechnet hatte, wie viel Geld Leonardo am Abend scheffelte, war sein Bleistift abgebrochen. Die Rechnung war einfach und ziemlich grob, so grob, dass in seinen Träumen der Geldbatzen mal bis zur gesprungenen Emaille des Spülbeckens, mal bis zum Wasserfleck an der Decke seiner miefigen Wohnung reichte. Genug zum Hoffen, genug Variablen, die er offen gelassen hatte und die das Sümmchen noch erhöhten. Zum Beispiel die Zimmer im ersten Stock, hinter deren Fenster dauernd neue Männergesichter erschienen, und Leos Vorliebe für Backpulver.

Als Frank rausbekommen hatte, dass Leonardo nur montags früh aufstand, hatte er sich in Sigis Grill volllaufen lassen. Mit jeder Mark war Frank zur Bank geschlappt, aber Leonardo besaß genug davon, so viel, dass er faul geworden war. Und obwohl man sonntags ruhen sollte, hatte Frank ein dickes Kreuz in seinen Kalender gestrichen.

Heute war er reif, heute hingen die Scheine aus Leonardos Tresor bereit zum Pflücken.

Leonardo zog ein Bündel nach dem anderen raus. Sein Gesicht wurde bitter.

Frank hatte aufgehört, die Packen zu zählen. Fünfzig-, sechzigtausend, und wieder griff die Hand ins Volle.

Frank wischte sich mit der linken den Schweiß von der Stirn, da drehte sich Leonardo um. Die Zähne hatte er aufeinandergebissen, seine Wangenknochen traten hervor, derselbe Ausdruck in seinen Augen. Derselbe Ausdruck, voll Hass und Bitterkeit, den Frank so oft in seinen eigenen Augen gesehen hatte. Morgens im Spiegel, in den gläsernen Schwingtüren des Arbeitsamtes, im Rückspiegel, wenn er die Kuhlmannstraße hinabfuhr, an Leos Lounge vorbei.

Allein dieser Anblick war es wert.

»Du baust nur Scheiße, Frank. Da kommst du nie raus!«

Frank wollte etwas sagen, verkniff es sich jedoch, stattdessen grapschte er sich die Tüte. Sie war schwerer, als er gedacht hatte.

Er folgte einem Taxi. In seinem Kopf gesellige Bilder – Herrenabende, mit guten Videos und Bier und Chips, und keine Rechtfertigungen vor jemandem, der er es nicht wert war. Keine Blicke von Freunden ertragen, die mehr wussten als er selbst – nie mehr Clown sein. Nächste rechts, links, geradeaus rüber, die Zweite wieder links. »Michael, stell das Bier kalt, Baby!«, brüllte Stefan den Stoffhimmel an.

Die Stahltür flog hinter ihm ins Schloss. Leonardo hatte sie erst aufschließen müssen, die hitzige Luft war auf Frank mit den Bildern fremder Inseln herabgestürzt. Er hatte Leonardo in den Flur gestoßen, kein Blick zurück, nur weg und rennen.

Der Hinterhof war kein Problem, sie würden nicht einfach auf ihn schießen, dazu hatte Leonardo zu viele unkoschere Geschäfte laufen. Das Nadelöhr war die Ausfahrt. Die Türsteher waren gut dressiert, sie würden ihre Spaghetti sicher kalt werden lassen. An den Müllcontainern vorbei, links alte Kühlschränke und Fahrradskelette. Da – wenige Meter vor ihm – ein Schatten löste sich vom Torbogen und trat ins Licht. Der Kerl mit der Krawatte stand, die Hände vor der Brust gefaltet, da. Keine Waffe, nur ein schadenfrohes Lächeln auf den Lippen. Frank hatte gar nicht die Zeit, abzubremsen.

Frank hatte einmal gelesen, dass James Dean nicht leichtsinnig gewesen war. Er hatte beschleunigt, wie jeder gute Rennfahrer, um schneller am Hindernis vorbeizuschießen. Er hatte sich verschätzt, aber es war eine Möglichkeit.

Den Oberkörper nach vorne gestemmt, nahm Frank die letzten vier Meter. Er traf den Kerl mit der Schulter direkt auf dem Brustbein – der drehte zur Seite, fand keinen Halt und schlug nach hinten auf den Asphalt. Frank hatte sich freikatapultiert.

Er lief auf die Straße, irgendwo rechts hatte er seinen Wagen in der zweiten Reihe geparkt, aber von dort sah er den anderen Mann angerannt kommen. Er musste sich entscheiden, und zwar schnell.

Die Ampel zeigte rot. Obwohl weit und breit kein Auto zu sehen war, hielt Stefan an. Der Sender hatte sich verstellt, er musste nachregeln.

Nach links, die Augen auf die Kreuzung, da, ein Wagen. Er sprintete darauf zu, Gott sei Dank nur ein junger Mann hinter dem Steuer, keine Gewalt, keine Überredung. Kein Zeitverlust. Im Laufen steckte er die Waffe in die Hosentasche.

Frank riss die Beifahrertür auf und ließ sich auf den Sitz fallen.

Stefans Herz hatte sich verstellt, es musste sich nachregeln.

»Fahr! Verflucht!«, brüllte Frank ihn an. »Fahr los, die wollen mich umbringen.«

Ungläubig starrte Stefan den Mann im verschwitzten T-Shirt an. Er wollte etwas sagen, irgendetwas, dass es sich nicht lohne, ihn zu überfallen – brachte aber kein Wort raus.

»Ganz ruhig, ich will dir nicht ans Leder, die Typen sind hinter mir her!« So viel Zeit musste sein, wenn der Jüngling nicht aufs Gas drückte, wäre sowieso alles aus. Hinter Frank sah Stefan die zwei Türsteher angelaufen kommen. Doch anstatt das Gaspedal zu drücken, blickte er rüber auf die Ampel. Rot. »Glotz nicht! Fahr, verdammt!«

Nichts!

Frank konnte es nicht fassen, all die Anstrengung, und nun war er mit diesem Idioten gefangen in einem Auto.

Nochmals blickte Stefan aus dem Beifahrerfenster. Die Verfolger von diesem Typen hatten die Kreuzung schon erreicht, nur noch über die Straße. Der Zweireiher zog seine Waffe.

Endlich verstand Stefan, was Frank von ihm wollte. Der Instinkt siegte, Stefan verlangte keinen Startschuss. Er drückte das Gaspedal ans Bodenblech, Reifen drehten quietschend auf Asphalt, dann waren sie über die Kreuzung.

Frank begann zu lachen, die Geschwindigkeit versetzte keinen Rausch – nur die Entfernung. Er hatte es geschafft – und vor sich sah er Leo, erst die Haare raufend, dann brüllend den Kopf auf seine Marmorbar schlagend, und Frank lachte, lachte, so laut er konnte.

Sein Lachen tat gut.

Neben ihm begriff Stefan, dass er richtig gehandelt hatte. Er hatte Mut bewiesen, hatte jemandem das Leben gerettet, und es fühlte sich gut an, einem Fremden zu helfen. So gut. Eine vergessene Pfadfindermentalität durchdrang ihn, zwar zitterten seine Hände, aber jetzt war die Angst verflogen.

Er musste grinsen, ließ den Wagen rollen und fuhr gemächlich weiter.

»Bist ’n feiner Kerl.« Frank hätte ihn umarmen können, auf die Wange küssen. »Verdammich, du bist schwer in Ordnung!«

»Okay, mal von vorn.« Stefan sah ihn schmunzelnd an. »Ich bin Stefan.«

»Stefan? Hast was gut bei mir.« Frank reichte ihm die Hand. »Frank.«

Schweigend ließen sie Dutzende Querstraßen passieren.

»Darf man hier drin rauchen?«

Stefan hatte Rauchverbot in seinem Wagen verhängt. Er seufzte, nickte dann aber.

Frank drehte trotzdem artig sein Fenster runter. Die kleinen Gesten des Respekts.

»Warum?«, fragte Stefan und nickte zum Rückspiegel.

»Oh, das ist ’ne lange Geschichte«, aber er wollte es erzählen, wollte endlich alles loswerden. Frank blickte auf die Tüte zwischen seinen Füßen, nahm einen Zug und blies den Qualm in den Wind.

»Ich hab Zeit.«

»Kein Ziel? Ich meine, wo willst ’n hin?«

»Kein Ziel. Also kein richtiges. Hab mit meiner Freundin Schluss gemacht.« Stefan wusste nicht, warum er das sagte. Ein Stück Geschichte für ein anderes, ein bisschen verlieren, um ein bisschen zu finden.

Frank bejahte brummend – noch ein Verlierer. »Tja, also … Die Kerle, die waren von Leo. Ich war bei Leo«, begann er. »Weil er mir noch Geld schuldet. Ich fass es irgendwie immer noch nicht, wie ich so blöd sein konnte, dem Kerl zu vertrauen.« Er zog an seiner Zigarette, als sei es eine besondere Kur. »Ich hatte mal einen Imbiss und lernte dann diesen Kerl kennen …«

»Leo.«

»Genau, Leo. Wir haben ein paar zusammen getrunken, wurden Freunde, na ja. Er brauchte Geld für eine Lounge, er hatte tolle Bilder im Kopf – weißt du? Wir wurden Partner. Ich hatte einen schönen Batzen Geld zur Seite gelegt, wir wollten diesen alten Laden kaufen und auf Vordermann bringen. Ich hab also meinen Imbiss an so 'n bescheuerten Engländer verkauft und 'ne Hypothek auf mein Appartement aufgenommen. Wir hatten 'ne Menge Geld zusammen, so um die fünfhunderttausend.«

Stefan stieß einen Pfiff aus.

»Ja, es war alles ziemlich perfekt. Wir wandelten durch dieses leere Geschäft und Leo sagte: Stell dir das vor! …«

»… hier kommt die Bar hin, das alles dezent in Marmor.« Leo ließ die Hände durch die Luft gleiten, vom zugespachtelten Fleck rechts über die vernarbte Wand nach links. Und Frank sah es vor sich.

Er stolperte über losgeschlagene Paneele, aber vor seinem geistigen Auge war der Raum bereits eingerichtet. Schwarzer Marmor, blank poliert, dahinter die goldenen Regale mit den Getränken, runde Tischchen, Damen an Stangen. Leo redete weiter, aber er war weit weg, seine Stimme nur ein Flüstern. An der Decke hingen Kronleuchter, die mit ihrem romantischen Licht verzückten, und Ventilatoren durchwühlten seicht die Luft. Leiser Jazz untermalte aus versteckten Lautsprechern das Treiben in der Lounge und aus der Tür, die jetzt – abgeknickt wie der gebrochene Flügel eines Vogels – aus den Angeln hing, kam ein smarter Kerl mit Schürze und einem vollen Tablett. Edle Weine wurden aufgetafelt, und als er sich herumdrehte, sah er sich selbst am Eingang stehen, den Frauen in ihren sexy Abendkleidern die Hand küssen. Er war ein Macher, ein Macher – endlich: Leonardo & Spinetti, der weiche Klang von gutem Essen und Luxus.

Drei Wochen später unterschrieb er.

»Okay, es war dumm! Aber verstehste? Ich habe diesen Mann geliebt, ich habe ihm vertraut – ich habe ein Stück seines Traums gelebt.«

»Und?«

»Was und?«

»Was ist schiefgelaufen?« Stefan setzte erneut den Blinker. Er hatte nicht mehr mitgezählt, wie oft sie abgebogen waren. Das war nicht wichtig.

»Ich unterschrieb den Vertrag. Zwei Tage später wollte ich die Baustelle besichtigen, aber ein Typ im Kittel hat mich nicht durchgelassen. Das sei Privateigentum, hat er gesagt. Ich wollte Leonardo sprechen, aber er hat mich vor die Tür gesetzt.« Frank warf seine Zigarette aus dem Fenster.

»Ich habe mir einen Rechtsanwalt genommen – so ’n jungen Spund – mehr konnte ich mir nicht leisten. Aussichtslos, sagte der. Aussichtslos. Ich habe unterschrieben, ich habe nicht genau genug gelesen. Mein Laden war futsch, mein Appartement wurde versteigert und Leos Rechtsanwalt grinste. Von den Schulden ganz zu schweigen.

Find mit fünfundvierzig mal einen Job, ha!

Ich bin stempeln gegangen. Nach zwei Jahren dachte ich mir, jetzt schaust du dir den Laden mal an und sagst dem Arschloch, was du von ihm hältst!« Prinzipiell gesehen hatte er nichts anderes getan, eine vertretbare Notlüge.

»Bitter!«

Stefan nahm die Kurve etwas zu schnell, die Tüte fiel um.

Aus dem Augenwinkel sah er, dass einige Bündel Geld in den Fußraum gerutscht waren.

Nur geredet, das glaubst du doch selbst nicht, dachte er. Der Vorfall reichte, um sich Frank genauer anzusehen. Wenn der Fremde, der sich eine weitere Zigarette angezündet hatte, zum Fenster drehte, ließ Stefan Blicke über ihn schweifen.

Dann bemerkte er die Waffe.

Sie hatte sich aus der linken Hosentasche geschoben.

Er beschleunigte ein bisschen, bemüht, dass Frank nichts merkte, plötzlich bremste er voll ab. Der Wagen schlingerte und stand mit einem Ruck.

Die Waffe segelte unter Stefans Sitz.

»Was-was war das denn?« Frank starrte ihn an.

»Scheiße, tut mir leid, ich dachte, es wär rot.«

»Um Gottes willen, bring uns bloß nicht um. Pass auf, ja?! Fahr mal die nächste links, da kannste mich dann rausschmeißen.« Frank lehnte sich nach vorn, ein Knie vor die Tüte, dass Stefan bloß nichts sah, und sammelte sein Geld ein.

»Okay, das war's. Du kannst hier aussteigen!« Stefan hatte die Pistole ertastet. »Häh?«, fragte Frank noch und sah hoch. Da drehte sich die Erde andersrum. Stefan zielte auf Franks Kopf.

»Mach, mach keinen Scheiß, ja? Gib mir die Knarre.« Kreidebleich starrte er in den Lauf.

»Raus!«, befahl Stefan. »Hau ab! Und schön langsam! Die Tüte bleibt hier, sonst richtest du noch 'ne Sauerei an!«

NEULICH

Neulich überfuhr ich eine Katze.

Ich habe sie zu spät gesehen, sie sprang plötzlich auf die Straße, auch Bremsen half nicht.

Aber ich sollte die Geschichte lieber von Anfang an erzählen. Ja, das scheint mir das Beste. Allerdings, und das dürfen Sie mir nicht übel nehmen, weiß ich nicht genau, wann alles begann. Dieser Fall ist sehr schwierig, aber ich werde es dennoch versuchen und beginne mit dem, was ich für den Anfang halte, das scheint mir logisch.

Mit der Einleitung brauchen wir uns nicht lange aufzuhalten, das Wann und Wo ist schnell berichtet. Wenn ich mich nicht täusche, so begann alles drei Tage nach Silvester an einem Samstagnachmittag, und zwar mit dem Besuch eines Freundes. Nun ist das Wann schon heraus. Für die, die ein Jahr brauchen: Nehmen Sie irgendeines. An diesem Tag hatte mich also mein Freund besucht, das war gegen Mittag gewesen. Er hatte davon gefaselt, dass er zu einer Fete wolle, und mich gefragt, ob ich nicht Lust habe, am Abend auch dorthin zu kommen. Der Ort war schnell notiert. Auf einem Bierdeckel malte er die Ecke auf und schrieb die

Adresse dazu. Nichts Ungewöhnliches, sagen Sie da. Ganz recht, aber ein Anfang; also, nehmen Sie es so hin – damit begann es. Nicht, dass ich meinen Freund für irgendetwas verantwortlich machen möchte. Das steht mir nicht zu. Er hat damit nichts zu tun.

Ich wohne in einem garagengroßen Zimmer: eine Matratze, eine Kommode, ein paar Kissen, ein Kühlschrank, Aschenbecher und wenige Teller mit Gabeln und Messern. Das ist alles, mehr benötige ich nicht, und es wundert die Leute, wenn ich ihnen sage, mehr möchte ich nicht. Obwohl ich wenig Besuch bekomme, ist es in meinem Zimmer nie still. Der Kühlschrank brummt und surrt entsetzlich laut, selbst in der Nacht höre ich ihn, wenn ich aufwache – meist kann ich nicht mehr einschlafen –, und es brauchte seine Zeit, bis ich mich an das Tropfen des Wasserhahnes gewöhnte. Jeder Laut dringt durch die dünnen Wände. Das Bad liegt auf dem Flur und zu Beginn habe ich mir noch die Mühe gemacht, mich im Dunkeln an der Wand bis zum Bad zu tasten, um den Hahn zu stoppen, dann fiel der Kaltwasserknauf ab, und so sehr man auch am anderen zerrt, der Hahn versiegt nicht.

Kommen wir aber zum Nachmittag zurück, da war mein Freund schon längst gegangen. Der Gedanke an eine Fete stimmte mich freudig, immerhin war in den letzten Monaten nicht viel geschehen, oder sagen wir besser, ich hatte von Feten nur dann gehört, wenn sie vorüber waren.

Da nahm ich aus der Schublade Pinsel und Rasierseife, ging ins Bad und strich mir das Kinn ein. Ohne zu zögern, griff ich nach dem Rasierer und begann, mir den Schaum wieder abzukratzen. Doch weit kam ich nicht. Schon nach den ersten Strichen brach die Klinge vom Plastik. Mir war so etwas bisher noch nie passiert. Gut, wenige kleine Schnitte, besonders am Kinn, wenn ich den Rasierer in Hast bewegte; kleine Wunden, die nicht aufhörten zu bluten, aber ein Brechen? Das Stück Plastik fiel herunter ins Becken, die Klinge drang in meine Haut. Nicht tief, dennoch musste ich schreien. Ich zog das Metall aus meiner Wange und sofort begann es zu bluten. Auch ein Stück Toilettenpapier, das ich gegen die Wunde drückte, stoppte die Flut nicht im gewünschten Maße, und es dauerte über zehn Minuten, bis ich es entfernen konnte, ohne dass sich ein Tropfen bildete. Nach diesem Vorfall war mir das Rasieren vergangen – ich suchte zwar noch nach einer neuen Klinge, da ich aber keine fand, legte ich den Rasierer zurück an seinen Platz. Musste das Rasieren für diesen Abend eben ausfallen. Mein Bartwuchs war nicht üppig, es würde kaum auffallen, dass ich nur einen Teil entfernt hatte.

Ich legte mich auf die Matratze und döste vor mich hin. Das schummerige Licht, das durch das Fenster fiel und sein verzerrtes Rechteck auf Matratze und Wand warf, ließ meine Gedanken schnell abgleiten. Vor meinem inneren Auge sah ich Gäste, die mir mein

Freund angekündigt hatte. Und ich muss gestehen, so dasitzend hatte ich plötzlich das Verlangen, diese alten Bekannten wiederzusehen. Wie oft ich auch Galle gewürgt hatte, sie zu treffen. Lag ein Wiedersehen einige Monate zurück, so war mir auch der biederste Geist eine wohltätige Abwechslung. Ich schloss die Augen und konzentrierte mich auf das Tropfen des Wasserhahns und das Brummen des Kühlschranks. Unten von der Straße waren nur wenige Autos zu hören. Das Wetter würde Glätte und Nebel bringen, doch nichts konnte mir diesen Abend vergraulen.

Endlich war die Zeit gekommen. Ich nahm meinen Mantel, das Portemonnaie und den Bierdeckel und setzte mich in den eiskalten Wagen. Meine Vermutung bestätigte sich: Die Sicht lag unter hundert Meter und die Fahrbahn schimmerte trügerisch.

Um es vorwegzunehmen: Ich fand die Fete nicht.

Ich franzte mich entlang der Hauptstraße durch unzählige leere Seitengassen, über von Häusern beengten Asphalt. Die Giebel, steil und hoch, vermochte ich nicht mehr zu unterscheiden, das Gefühl verstärkte sich, Ecken zum zweiten Mal zu passieren. Eine rechts, die nächste links. Und immer den Blick nach dem Schild des Straßennamens gerichtet, nach Dingen, die mein Freund beschrieben hatte: linke Seite ein Gemüsehändler, daran vorbei, gegenüber ein Bäcker – nicht zu verfehlen. Dann endlich ein Straßenname, der verriet, dass ich in der richtigen Ecke kurvte.

Vorbei an von Graffiti getränktem Beton stieß ich auf eine Kreuzung, die der gemalten entsprach. Noch einmal ließ ich den Blick auf den Bierdeckel fallen und parkte den Wagen am Rinnstein.

Die Schritte bis zum Eckhaus waren schnell zurückgelegt, und als ich um die Häuserzeile in eine weitere Straße schaute, entdeckte ich den Bäcker. Hier muss es sein, dachte ich und suchte noch einmal nach dem Straßennamen: Koslowski-Straße. Ein Vergleich mit dem Bierdeckel ergab, dass mein Freund ein A statt eines Os geschrieben hatte. *Kaslowski* stand auf der Pappe. Er hatte den Schnörkel in Eile gesetzt, wer sollte es ihm übel nehmen?

Ich hielt inne und schaute hinauf zu den Fenstern. Aus vielen drang noch Licht, aber dass ich keine Musik hörte und niemand vor der Tür stand, um zu rauchen, wunderte mich. Ich besah mir die Klingelschilder und die Enttäuschung war groß. Hier wohnte niemand, der hieß, wie mein Freund mir beschrieben hatte. Sollte ich wirklich die falsche Ecke erwischt haben? Ich drehte mir eine Zigarette. Das gab mir etwas Zeit, doch nichts tat sich; so legte ich die Zigarette zurück in den Tabakbeutel und stieg wieder in den Wagen. Erneut die Ecke zu suchen, erschien mir mühselig und ich bezweifelte, dass die vermeintliche Fete überhaupt existierte.

Ich machte mich auf, vielleicht würde in der Innenstadt noch irgendwo etwas los sein; ich würde mich einfach in eine Kneipe setzen und über die ganze Sache bei einem Bier nachdenken. Doch erst einmal hieß es, aus diesem Stadtteil kommen. Meinem Orientierungssinn konnte ich nicht mehr trauen, das viele Abbiegen und die Gleichheit der Ecken hatten mich verwirrt.

Das Wohnviertel hatte ich bald hinter mir gelassen, immer öfter sah ich rechts und links der Fahrbahnen Fabrikmauern und eiserne Tore zu betonierten Höfen. Nur noch vereinzelt tauchte eine Kneipe oder ein Café auf und die Straßen schienen breiter, da keine Autos am Rinnstein parkten. Nochmals bog ich ab, und nun geschah das, wovon ich schon sprach: Ich überfuhr die Katze.

Zwei gelbe Augen und ein grauer Schatten – plötzlich, ohne Ankündigung. Der Versuch zu bremsen, ein Schlittern auf dem feuchten Teer, der Schatten huscht unters Auto, ein Knacken links hinten, dann endlich stehen und atmen. Ich zog den Schlüssel ab und stieg aus. Vier Schritte bis zum Heck, da lag das Tier.

Ich bin nicht zart besaitet, doch ist es etwas anderes, bei Schnittwunden ruhig zu bleiben oder wenn ein Mensch auf der Leinwand ermordet wird als bei einem zerquetschten Tier, zumal ich noch Schuld an seinem Tod hatte, oder sagen wir besser, ich die Verantwortung trug.

Die Katze war regelrecht zerfetzt. Ihr Bauch war nicht mehr an seinem Platz; der Reifen hatte ihn an der Seite herausgedrückt, er lag nun in einer weißroten Soße neben ihrem Kopf.

Regungslos stand ich da, nicht wissend, was zu tun sei. Sollte ich die Polizei rufen, das war zwar kein Wildunfall – dennoch Tötung eines Wirbeltieres. Zweihundertfünfzig Mark. Jeder wäre wieder in den Wagen gestiegen und weitergefahren. Aber diese Katze war mein erstes Opfer, ich hatte bis dato niemanden mit meinem Fahren verletzt. Außer beim Parken die Stoßstange eines anderen Wagens zu berühren, war nichts vorgefallen. Die Katze in die Gosse zu legen, schien mir das Mindeste.

Ich wollte gerade den Kofferraum öffnen, um etwas zu suchen, mit dem ich die Katze bewegen könnte, als ich ein Klappern hörte. Ich schaute auf und sah eine Frau. Sie hatte dreckige Kleidung an und schob einen Einkaufswagen, vollgestopft mit Plastiktüten und halb vollen Flaschen. Ihre Haare waren fettig und lang, sie hingen ihr im Gesicht und fielen wild auf ihre Schultern. Ihr Gesicht war aufgedunsen, die Lippen rau und vertrocknet, die Augen glasig. Sie hustete leise und beugte sich vor, um die Katze zu besehen – den Wagen hatte sie zur Seite geschoben. Ich roch ihre Kleidung, roch den strengen Geruch von einer nicht verheilten Wunde, und als ich sie nochmals betrachtete, sah ich, dass ihr rechtes Bein mit dreckigen Mullbinden umwickelt war. Angewidert wich ich einen Schritt zurück, da kam sie mit dem Kopf hoch und ich sah sie an. Ihr Kopf war rot angelaufen und Speichel rann ihr das Kinn hinunter.

Sie stammelte unverständliches Zeug, doch plötzlich wurde sie lauter und schrie mich an, ich hätte ihre Katze ermordet, schrie mir ins Gesicht, ich sei ein schlechter und böser Mensch!

Ich war überrascht, einerseits glaubte ich fest, sie lüge, andererseits tat sie mir leid, und im selben Moment war ich auch verärgert, beschuldigt zu werden, für Geschehenes, das ich nie gewollt hatte. Ja, es war diese Mischung aus Überraschtsein, Mitgefühl und Ärger, die mich ihr zuriefen ließ, sie solle ihr Maul halten, ich hätte es nicht mit Absicht getan und es tue mir furchtbar leid.

»Verschwinde«, zischte ich sie an, doch sie brüllte nur: »Katzenmörder, Katzenmörder!«

Dann kamen Worte, die ich nicht verstand, genuschelt und voller Wut. Ich wollte an ihr vorbei wieder in den Wagen steigen, die Situation war mir unangenehm und Flucht schien mir das Bequemste. Doch als ich einen Schritt auf sie zu tat, zog sie aus dem Einkaufswagen eine halbgefüllte Plastiktüte und begann, auf mich einzuschlagen. Sofort hob ich die Arme, um meinen Kopf zu schützen. Ich schrie, sie solle aufhören, ich hätte nichts getan und taumelte weiter zurück. Nun steht es mit mir so, dass ich ein friedvoller Mensch bin. Schmerzen vertrage ich nicht und das Einzige, was mir im Kampf bleibt, ist die Verteidigung.

Die Notwendigkeit, Meinungen mit den Fäusten durchzusetzen, habe ich nie eingesehen, und ich hatte es immer geschafft, provozierenden Situationen auszuweichen.

Ich spürte, wie mich etwas Hartes an der Schläfe traf – kurz darauf ging ich zu Boden, rutschte mit dem Rücken am Kotflügel hinab auf die Straße. Ich weiß nicht, wie lange mir schwarz vor Augen war, denn das Nächste, was ich sah, war das Gesicht eines Mannes – die Frau konnte ich nicht mehr sehen, ich hörte nur ihr Lachen. Der Mann beugte sich zu mir herunter. Er war mittleren Alters, sein Gesicht war mit Falten durchzogen und sein Atem roch nach Fusel. Ein weißer Flaum bedeckte seinen Kopf und seine Finger waren wurstig und dreckig – ich dachte, er wolle mir helfen.

Da packte er mich am Kragen und zog mich herauf. Benommen sah ich, dass er zum Schlag ausholte. Ich wollte mich losreißen, aber seine Hand hatte sich fest in den Stoff meines Hemdes gegraben. Seine rechte Faust traf mich in der Magenkuhle. Schmerzen! Sie quollen vom Bauch zur Brust und verhinderten das Atmen; sie zogen sich hinab zu den Hoden und ließen die Knie schmelzen.

Ich schrie und endlich gelang es mir, mich loszureißen. Ich stolperte rückwärts, drückte mich am Heck vorbei, während der Typ weiter auf mich zukam. Meine Knie schlugen auf den Asphalt, ich stützte mich mit beiden Händen, rappelte mich hoch.

Er wollte mich am Rücken packen, doch ich war schon wieder auf den Beinen und rannte.

Hinter einer Straßenecke machte ich halt. Erst jetzt bemerkte ich, dass ich blutete. Ein Wunde zog sich über meine Stirn und Blut rann die Schläfe entlang. Ich verwischte es mit den Fingern. Dann stand ich einfach nur da. An die Wand gelehnt atmete ich einige Male tief und horchte, ob sie mir folgten. Und tatsächlich hörte ich Schritte und ihre Stimmen. Sie waren auf dem Weg zu mir – es blieb nur wenig Zeit. Der Schmerz pochte noch immer in meinem Unterleib, dennoch riss ich mich von der Wand los und rannte die Straße hinauf. Da sah ich die Neonreklame eines türkischen Schnellimbisses. Ein letzter Versuch, das Blut wegzuwischen, die Haare gerichtet, das Hemd glatt gestrichen, dann drückte ich mich in den Imbiss. Ein Klingeln kündete von meiner Ankunft. Im Laden wurde es still. Drei Männer saßen an einem viel zu kleinen Tisch und spielten Karten, sonst war der Raum leer.

Sofort unterbrachen sie ihr Spiel und schauten herüber. Ich deutete mit einem Nicken eine Begrüßung an und stellte mich an die Theke. Ein kaputter Starter versuchte vergeblich Gas in einer Neonröhre zu zünden, eine andere konnte sich über ihre Stärke nicht entscheiden und leuchtete mal hell, mal schwach vor sich hin. Klicken und ungleichmäßiges Brummen. Über der Theke war eine Tafel angebracht, auf der man Buchstaben gesteckt hatte – die Hälfte war mittlerweile verrutscht. Ich tippte mit dem Kleingeld auf die Glasplatte der Theke. Durch den schmalen Spalt einer offenen

Tür sah ich eine Frau telefonieren. Ich sah ihre Lippen, aber ich hörte ihre Worte nicht. Sie fuchtelte mit den Händen in der Luft herum und ihr Gesicht war in Falten gelegt. Dann schaute sie durch den Spalt und nickte mir zu. Ich wartete.

Endlich erschien sie. Ich bestellte schwarzen Kaffee, und, obwohl mein Magen noch schmerzte, einen Döner – nur um nicht aufzufallen. Den Kaffee nahm ich sofort entgegen. Der Döner würde noch etwas dauern, sagte die Frau und gab mir das Wechselgeld. Der Platz mit dem Gesicht zur Scheibe schien mir günstig. Ich setzte mich einem der drei in den Rücken, und während ich an meinem Pappbecher nippte, ließ ich meinen Blick durch das Fenster fallen. Die Frau stellte das Radio ein, leise Musik plärrte durch den Laden. Sie wischte die Theke und kontrollierte mein Fleisch. Mein Magen erholte sich, die Wärme tat ihm gut; das Pochen hörte langsam auf. Da begannen die drei plötzlich zu lachen und einer drehte sich zu mir um und schaute mich mit seinem Grinsen an. Auch ich lächelte und hob meinen Becher zum Gruß. Wieder lachten sie, dann ging ihr Spiel weiter.

Ich hatte meinen Becher zur Hälfte geleert, als ich einen groben Schatten vor dem Fenster sah. Es war der Mann. Ohne zu zögern stand ich auf, nahm den Becher und ging zur Toilette.

Mein Gesicht im Spiegel erschreckte mich – die ganze Stirn war vom Blut rot und selbst meine Wangen hatten Schlieren vom Verwischen. Zwei Hände kaltes Wasser behoben den Schaden, so gut es ging. Das Klingeln der Tür riss mich aus meinen Gedanken. Der Fremde war also wirklich in den Laden gekommen? Ich stellte mich dicht an die Holztür, ich konnte hören, dass sie redeten. Als es wieder still wurde und die Klingel zum zweiten Mal ertönte, wartete ich noch eine Minute, dann stieß ich die Tür auf.

Im Laden hatte sich nichts verändert: kein Mann, der aufsprang, keine Frau, die wild rief.

Noch bevor ich meinen Platz erreichte, hörten die drei erneut zu spielen auf und grinsten. Einer zwinkerte mit den Augen und machte eine Kopfbewegung zur Tür. Ich bedankte mich wortlos, bewegte die Lippen, ohne etwas auszusprechen. Dann verließ ich, unter den Rufen der Frau, dass ich mein Essen noch bekäme, den Imbiss. Wachsam machte ich mich zurück auf den Weg. Schon von Weitem sah ich, dass niemand da stand, um mich abzufangen. Die Frau war mit ihrem Einkaufswagen verschwunden.

Ich ließ mich hinter das Steuer fallen und ein molliges Gefühl der Sicherheit stieg in mir auf. Selbst den Kontrollblick auf die Rückbank vergaß ich nicht, aber auch dort war niemand. Also startete ich den Motor, stellte die Heizung auf volle Leistung und fuhr an. Egal wohin, nur fort aus dem Stadtteil.

Der Weg hinaus auf eine befahrene Straße war schneller gefunden als gehofft: Ich ließ mich einfach treiben, bog nach Zufallsmuster ab und gelangte schließlich auf eine hell beleuchtete, vierspurige Straße, die ich kannte und die mich aus dem Stadtteil trug.

Daheim zog ich mich aus, strich die Tabakkrümel von der Matratze, nahm Decke und Kissen und legte mich schlafen. Die Uhr zeigte nach drei. In der Dunkelheit tauchte das Gesicht der Alten auf und Wut durchtrieb mich plötzlich. In Sicherheit war die Angst gewichen und der Wunsch, obwohl ich die beiden wohl nie wiedersehen würde, nach Vergeltung stieg in mir auf. Ich lag nicht lange im Dunkeln, da bemerkte ich eine Veränderung.

Mein Raum schien nicht mein eigener. Ich schob es auf die Strapazen, doch als eine halbe Stunde später das Gefühl nicht gewichen war, stand ich auf und schaltete das Licht an. Ich schritt im Zimmer umher, suchte die Ecken ab, blickte gegen Decke und Wände. Keine Spur. Erst als ich das Licht erneut ausknipste, erkannte ich es:

Es war still.

Da war kein Brummen, da war kein Tropfen. Weder hörte ich den Kühlschrank noch den Wasserhahn.

Abermals stand ich auf, ging zum Kühlschrank und öffnete ihn. Nachdem ich ihn wieder zugeschlagen hatte, ertönte sein Brummen. Ich wusch mir die Hände und es gelang mir nicht, den Hahn zuzudrehen. Gewohnheit, geliebte Gewohnheit, hörte ich mich lügen, als ich wieder unter der Decke lag.

RINGO STARB VOR EHLERSHAUSEN

Es war fast dreißig Jahre her, seit ich Ringos Mörder das letzte Mal getroffen hatte, und als ich ihm vor einer Woche über den Weg lief, erkannte ich ihn nicht.

Wir standen nebeneinander in der U-Bahn. Ich sprach ihn erst an, als ich seinen fragenden Blick bemerkte. Gerald. Zwei alte Freunde treffen sich zufällig wieder … Ich hatte mir immer vorgestellt, wie ich, wenn es mir geschähe, dem anderen in die Arme fiele. Doch die Realität macht Abstriche.

Eine Nachfrage, ob ich es denn wirklich sei, kroch über Geralds Lippen, dann schauten wir beide betreten. Ein Händedruck, das war alles. Obwohl es sicher eine Vielzahl von Fragen gab, sah jeder nur peinlich drein: ich aus dem Fenster, er auf seine Wanderstiefel. Schweigend fuhren wir einige Stationen, bis er meinte, er müsse nun aussteigen und habe sich gefreut, mich einmal wiederzusehen.

Als die Tür aufglitt, fragte ich, ob er Mittwoch Zeit und Lust habe, mich zu treffen.

Er antwortete »selbstverständlich« und wir machten Zeit und Treffpunkt aus, dann ging er die Stufen hinab zur Straße, die U-Bahn fuhr an und er verschwand hinter dem Waggon.

Ich war erst vor wenigen Wochen nach Hannover umgezogen, hatte eine Zwei-Zimmer-Wohnung gemietet. Sie lag an einer schmalen Kopfsteinstraße im Stadtteil Linden. Die Miete war zwar eindeutig Wucher, aber dennoch unter denen der anderen Wohnungen, die ich mir angeschaut hatte. Ich bin primitiv, ich stelle keine Ansprüche. Die ganze Bleibe stand noch voll von Kartons und schon entpackten Dingen, die sich auf dem Boden stapelten. Kurz gesagt, es herrschte das Durcheinander, wie man es eben hat, wenn man eine Wohnung unmöbliert mietet. Mir macht so etwas nichts aus. Eine frische Wohnung zu beziehen, mag ich lieber; zu vieles erinnert mich sonst an Vorgänger. Ich spreche aus Erfahrung, denn ich bin oft umgezogen.

Die ganzen Tage über hatte ich hin und her geräumt, hatte geflucht, hatte sortiert und gesucht und war abends doch glücklich ins Bett gefallen. Tagelang war ich beschäftigt gewesen, Regale zusammenzusetzen, Kartons zu verschieben und vergeblich den gerade benötigten Gegenstand zu finden.

Nun nicht mehr. Der Mittwoch war gekommen und selbst das nasskalte Hannoverwetter hielt mich nicht davon ab, früher als sonst aufzustehen. Der Gedanke an ein Wiedersehen mit Gerald trieb mich schon nach dem Frühstück aus dem Haus. Ich nahm Mantel und Mütze und selbst die dicken Handschuhe, denn ich hatte beschlossen, bis in die Innenstadt zu gehen, um endlich meine neue Umgebung kennenzulernen.

Das Wetter war nicht kalt, aber feucht. Mehrere Male begann es kurz zu nieseln und auch der Wind versprach den Herbst. Er würde dieses Jahr früh kommen, egal was der Kalender sagte.

Ich schlenderte durch einige Nebenstraßen und fand mich plötzlich in einer Allee wieder. Die Blätter waren braun gefärbt, hielten dem Wind aber erstaunlich gut stand – nur hier und da sah ich ein paar wenige vorüberwehen. Die Chaussee führte mich in einen Park, wo ich mich auf einer Bank niederließ. Schon nach einigen Minuten trieben meine Gedanken fort.

Es war wie eine Flut. Die Erinnerung kam geballt und in einer solchen Klarheit, wie ich es selten hatte. Meistens war es mir möglich, solche Anstürme zu unterdrücken. Und wenn es mir doch misslang, so bekam ich glasige Augen – zumindest hat das immer meine verstorbene Frau gesagt. Sie hatte gemeint, ich würde dann reglos in die Leere starren. Sie war der Meinung, ich würde schlafen, doch für mich ist es ganz anders. Ich durchlebe die Vergangenheit einfach erneut. Es ist viel intensiver als ein Traum. Erst wenn man mich laut anspricht oder berührt, kehre ich ins Geschehen zurück.

Das Erste, was mir an diesem Tag in den Sinn kam, war der Geruch des Sommers. Und Ringo.

Ringo, der im Sonnenlicht blitzte und schimmerte. Ein wirklich stattlicher Goldfisch, der viel zu wenig Platz in seiner klassischen Glaskugel hatte. Eigentlich gehörte er meiner Schwester, die sich um ihn aber kaum kümmerte. Also hatte ich mich seiner angenommen. Es machte Spaß, Ringo beim Schwimmen zuzusehen. Er würde zwar niemals Schlagzeug spielen, aber manchmal sahen Gerald und ich ihm zu, wie er nach einem Beatles-Song nach Luft schnappte. Und ab und an sah es tatsächlich so aus, als singe er mit.

Sofort tauchte der Sommertag wieder vor meinen Augen auf. Es war zwei Wochen nach Kennedys denkwürdiger Berlin-Rede. Gerald muss damals vierzehn oder fünfzehn gewesen sein, wie ich auch. Wir wohnten in einem Dorf zwischen Celle und Hannover und ich erinnere mich noch sehr gut, dass der Sommer heiß und trocken war. Wir fuhren die meiste Zeit der Ferien mit dem Fahrrad meiner Mutter die Felder runter durch den Wald zum kleinen Schwimmbad nahe Ehlershausen.

An diesem Tag wurde ein einfacher Plan geboren: Wir wollten Ringo befreien. Er sollte endlich sein Gefängnis auf der Fensterbank meiner Schwester verlassen und ein anständiges Goldfischleben führen.

Wir entschlossen, ihn ins Waldbad mitzunehmen und ihn dort freizulassen.

Ich holte Gerald nach dem Mittagessen ab. Wir hatten unsere Schwimmsachen hinten auf den Gepäckträger gebunden, Gerald war mit Ringo und samt Glaskugel auf den Lenker gestiegen und saß nun – mit dem Rücken voraus – auf ihm. Er brüllte Kommandos, während ich beim Strampeln versuchte, an ihm vorbei auf den Weg zu sehen, der uns zum Schwimmbad bringen sollte.

»Links!«, »Rechts!« und »Platz da!« rief er. Und wir folgten dem befestigten Weg aus dem Dorf hinaus. Er endete in einem Feldweg; links und rechts des Weges stand Weizen und die Sonne strahlte vom Himmel, ließ mit ihrer Hitze die Luft über den Ähren flimmern. Wir fuhren zwei Kilometer den Weg Richtung Ehlershausen entlang und bogen dann ab.

Es war am Anfang des Waldes, als Gerald plötzlich »Halt!« rief und, noch ehe ich anhalten konnte, einfach vom Lenker sprang. Ich kam ins Schlingern, brüllte noch »Spinnst du!« und stürzte mitsamt dem Rad auf die Seite.

Als ich mich wieder hochrappelte, bemerkte ich, dass meine Anzughose aufgerissen und meine gewichsten Lederschuhe mit Dreck bespritzt waren. Die Knie brannten schrecklich, aber die Wut auf Gerald ließ mich die Schmerzen schnell vergessen. Ich schaute, wo er geblieben war. Und tatsächlich stand er nur einige Meter von mir entfernt und pinkelte an einen Baum.

»Arsch! Die Hose is' im Eimer«, fuhr ich ihn an, doch er drehte nicht mal seinen Kopf. Fluchend schlug ich mir die Grannen von Knien und Händen, begutachtete das Loch in meiner Bundfaltenhose und zupfte zerfetzten Stoff ab, der sich an die aufgerissene Haut geklebt hatte.

Gerald war fertig. Er klaubte Ringos Glas vom Moos auf und kam zu mir zurück.

Ich war immer noch wütend. Mit schmerzenden Knien stellte ich mich ihm in den Weg. »Kannst dich mal entschuldigen«, fuhr ich ihn an.

»Ist ja nichts passiert.«

»Nichts passiert?« Fassungslos musterte ich ihn. Als er tatsächlich an mir vorbei zum Fahrrad und ohne ein weiteres Wort weiterfahren wollte, packte ich zu. Ich riss ihn zu mir herum und stieß ihn gleichzeitig hart weg.

Er stolperte rückwärts, versuchte, Ringo im Glas zu behalten, und fiel geradewegs in einen Strauch. Vor Schmerzen schrie er auf, wollte sich aufrappeln, aber Dornen hielten ihn fest. »Du Arsch!«, schimpfte er. »Bist du noch sauber!?«

Es gelang ihm, sich zu befreien. Ich hörte, wie seine Hose und sein Hemd von den Dornen aufgerissen wurden, dann stand er, Ringos Glas zum Schlag erhoben, da und starrte mich grimmig an, bereit, mir den Goldfisch über den Kopf zu ziehen. Sein Blick war so feurig und wütend, dass ich einen Schritt zurückwich.

Und da bemerkte ich es: Seine Hände waren rot verschmiert. Sein Hemd war rot, selbst auf dem Gesicht hatte er rote Flecken.

Mit einem Kampfschrei wollte Gerald sich auf mich stürzen, aber ich rief schlicht: »Warte mal!«

Tatsächlich blieb er verwundert stehen. »Was ist?«

»Himbeeren!«, rief ich begeistert. »Du bist in Himbeeren geflogen.«

»Was? Wo?«

Wir sahen uns nach dem Gebüsch um. Tatsächlich. Die Dornen stammten von einer Brombeere, aber direkt davor und daneben wuchsen reichlich Himbeeren.

Sofort fielen wir über die Früchte her.

Ihr Geschmack war intensiv – ungeheure Süße ließ meinen Sturz vergessen. Es dauerte nicht lange, da waren unsere Münder rot vom Saft und die Finger klebten wunderbar.

Wir wischten sie an unseren dunklen Anzügen ab und ließen es uns schmecken, fielen ins Moos und stopften uns die Beeren in den Mund.

Alles schien in diesem Moment nichtig. Unsere Fahrt zur Badeanstalt, Ringos Befreiung, selbst unser Streit. Alles war vergessen, es war, als hätten die Früchte auf uns gewartet, als wären wir nur ihretwegen losgefahren. Es dauerte nicht lange, da war uns schlecht, doch wir saßen noch weiter zusammen und erzählten uns Geschichten.

Als es unsere Bäuche zuließen, standen wir auf und erkundeten den Wald und noch ehe wir es dachten, brach der Abend herein.

Ich wollte Ringo holen – den Plan, ihn im Waldbad auszusetzen, hatten wir mittlerweile verworfen –, aber sein Glas lag umgekippt zwischen den Himbeeren.

Wahrscheinlich war Gerald beim Pflücken drangestoßen.

Ringo jedenfalls lag, gebettet auf Himbeerblättern, daneben. Seine Schuppen glitzerten orangegolden. Er war längst erstickt.

Schweigend, die Hände und das Gesicht von Himbeersaft rot, blickten wir auf den Fisch meiner Schwester.

Dann beerdigten wir ihn.

Bevor wir nach Hause fuhren, schabten wir ein Löchlein in den Waldboden und versenkten Ringo mitsamt seinem Goldfischglas. Ein Gebet gab es nicht und meine Schwester hat weder Ringo noch das Glas jemals vermisst.

Ich sah auf die Uhr und mit Schrecken stellte ich fest, dass zwei Stunden vergangen waren. Es war jetzt kurz vor halb zwölf und wenn ich rechtzeitig zu unserem Treffen da sein wollte, musste ich mich beeilen.

Den Park ließ ich schnell hinter mir, dann durch die Allee bis zu einer Straße. Ich folgte ihr, vorbei an Kneipen und Läden, schlug dann in eine Gasse ein – kürzte so den Weg ab und war schließlich eine halbe Stunde später am Ziel. Noch zehn Minuten vor der Zeit traf ich ein.

Auf dem Platz pfiff der Wind. Er schlug durch meinen Mantel und es fror mich schon nach wenigen Minuten so stark, dass ich mich entschloss, an ein Geländer gelehnt und vor dem Wind geschützt auf Gerald zu warten. Von dort konnte ich den Platz gut überblicken und es würde wärmer sein. Die Zeit verstrich nicht. Es war, als räche sie sich für die zwei Stunden im Park, die wie im Fluge vergangen waren. Der Platz war menschenleer, nur hin und wieder schritten Passanten vorüber und tauchten in Seitenstraßen oder Geschäfte, und jedes Mal schaute ich nervös auf, betrachtete die Gestalten in ihren Mäntel genauer.

Gerald war nicht unter ihnen.

Mittlerweile war es drei Minuten über der Zeit und ich redete mir ein, er würde jeden Augenblick kommen. Jede Gestalt gab neuen Mut und verwandelte sich schnell in Ernüchterung. Als meine Uhr viertel nach zeigte, meinte ich, sie ginge vor, und fragte einen der Passanten.

Vielleicht braucht er ja länger, aber er wird schon noch kommen, sagte ich zu mir. Und so verbrachte ich eine weitere halbe Stunde auf dem Platz, besah ihn mir mal von der einen, mal von der anderen Seite, redete mir standhaft ein, es könne sich nur um Minuten handeln.

Nachdem Gerald eine Stunde nach der verabredeten Zeit nicht auftauchte, suchte ich mir einen Platz im angrenzenden McDonald‘s. Direkt am Fenster ließ ich mich mit einem Kaffee nieder. Die Wärme rötete meine Finger und Wangen und ich wandte den Blick nicht vom Fenster ab. Hier würde ich es länger aushalten und sollte ich ihn erkennen, konnte ich immer noch schnell aufspringen und ihn hereinholen. Möglicherweise hatte Gerald sich nur in der Zeit vertan, statt zwölf »zwei« verstanden. Und so wartete ich eine weitere Stunde bis kurz nach zwei Uhr.

Der Kaffee schmeckte nach Himbeere.

Er kam nicht und ich habe Gerald seit dem Treffen in der U-Bahn nicht wiedergesehen. Vielleicht war er ganz einfach verhindert gewesen. Oder er kam noch später. Ja, dieser Gedanke erschien mir möglich und wieder zu Hause angekommen, ärgerte es mich ein wenig, nicht länger gewartet zu haben.

Was sind schon zwei Stunden im Vergleich zu dreißig Jahren?

Ich nahm mir sogar das Telefonbuch vor, fand seinen Namen aber nicht. Vielleicht ist das auch besser so. Vielleicht hätte das Treffen nur alles zerstört, hätte die Träume und Vorstellungen von ihm zunichtegemacht, die ich in den Jahren mit mir schwanger trug. Die Erinnerung ist kostbar, denn sie ist es, die uns Jetziges mit Geschehenem vergleichen lässt, die uns Sinn gibt, weiter zu handeln. Sie ist ein Fluss und sie wird täglich neu geschrieben und ganz nach Gefühl geändert. Vielleicht ist es das, was sie so interessant macht.

Manchmal ist es besser, Geschehenes geschehen zu lassen, auch um es zu schützen, damit es den Glanz nicht verliert.

Ich hätte alles aufgeben müssen, hätte den Erinnerungsschatz, den ich hin und wieder herauskramte und polierte, mit Gerald teilen müssen. Möglicherweise hat Gerald dies ebenfalls erkannt und ist deswegen nicht gekommen, hatte erkannt, dass Zauber nur so lange wirkt, wie man ihn nicht ausspricht.

Doch im Grunde weiß ich, wir sind nur Narren.

Daran will ich glauben. Daran will ich glauben.